SHODENSHA
SHINSHO

頭がいい上司の話し方

樋口裕一

祥伝社新書

まえがき――頭がいい上司とは何か

世の中には、二種類の上司がいる。

ひとつは「いい上司」、もうひとつは「部下のやる気を奪う上司」だ。

というのは、あるいは極論にすぎるかもしれない。ほかにも「ダメな上司」のタイプはいろいろある、と考える人も多いだろう。

しかしどんなタイプであれ、ダメな上司というのは、最終的に部下の意欲を減退させるから「ダメ」の烙印《らくいん》を押されるのではないだろうか。その上司が部下に与えるさまざまなマイナスは、結局のところ「だからオレはやる気が出ない」ということに集約される。部下にやる気がないから、そういう上司は仕事でもいい結果が出せない。だから会社にも「ダメな管理職」と判断されるわけだ。

したがって、部下のやる気をうまく引き出すことが「いい上司」と呼ばれるための最低条件であり、同時に最重要条件であることは間違いないだろう。実際、リーダーがどんなにすばらしい事業計画や営業戦略を立てたところで、その部下が仕事に対して高いモチベーションを持つことができず、いつも陰で「やってらんねぇよ」などと吐き捨てているようでは、部署としての業績が上がるわけがない。業績が上がらなければ、それは管理職の責任だ。部下にとっても、会社にとっても、そんな管理職は迷惑な存在でしかない。もっとはっきりいうなら、単なる「邪魔者」でしかない。

では、どんな上司が部下をやる気にさせるのか。

一般的には、自分の「やりたい仕事」を与えられたときに、人間は意欲を最大限に高めてそれに取り組むようになる……ということになっている。もちろん、そういう部分は大いにあるだろう。誰だって、好きな仕事のほうが意欲的になれるのは当たり前のことだ。

だが、そこで本人のやる気を引き出しているのは「仕事」そのものであって、「上司」ではない。上司のおかげで意欲が高まっているわけではない。

それに、やりたい仕事を与えれば誰もが必ずやる気になるわけではないのもたしかだ。むしろ現実には、せっかく好きな仕事を与えられたにもかかわらず、バカな上司のせいでやる気をなくしている人のほうが多いのではなかろうか。

それ以前に、誰もが会社で自分の好きな仕事ばかりをやれるわけではない。気に入らない仕事であっても、それなりの意欲を持って働かなければいけないのが、会社というところだ。その意欲を持てるかどうかは、もちろん本人の意識次第という面もあるが、大部分は「上司の腕」にかかっている。同じ仕事を同じ人間に与えたとしても、その部下のやる気は上司次第で出たり引っ込んだりする。

だから**上司にとって、部下に「何をやらせるか」はあまり大きな問題ではない。部下のやる気を引き出すためにより重要なのは、与えた仕事を「どうやらせるか」だ。**

そして、仕事を「どうやらせるか」とは、詰まるところ、職場で「どうコミュニケーションを取るか」ということにほかならない。

相手がコンピュータやロボットならば、「実行」と書かれたボタンさえ押せば、こちらの思いどおりに動いてくれるだろう。だが、当然ながら部下は人間なので、上司の「言葉」ひとつで動いたり動かなかったりする。上司の話し方や言葉遣いが、部下の「やる気」を大きく左右するのだ。部下がやる気をなくすのは、仕事がつまらないからではなく、上司がコミュニケーションの取り方を間違えているからなのだ。

命令を下す、報告や相談を受ける、アドバイスをする、叱《しか》る、褒《ほ》める……などなど、上司と部下は常に「言葉」でつながっている。上司としては、自分が職場で口にする言葉のひとつひとつが、部下のやる気を「ON」にも「OFF」にもするボタンとして機能していると思っていたほうがいいだろう。

しかも、そのボタンの正しい押し方は、ひととおりではない。どんな話し方が相手のやる気を引き出すか（あるいは失わせるか）は、部下によって違う。だから、上司の「話し方」は難しい。

たとえば、ある部下が「こんな叱り方をしたら発憤《はっぷん》して結果を出した」からといって、別の部下がその叱り方でやる気になるとはかぎらない。同じ叱り方をしたことで、逆にやる気を失う者もいるだろう。頭が悪い上司はそこが理解できないから、いつも同じ失敗を繰り返す。まさに「バカのひとつ覚え」だ。

どんなコミュニケーションもそうだが、部下との接し方も、相手のキャラクターによって使い分けるべきだろう。**部下にとって上司は二種類しかいないが、上司はさまざまなタイプの部下を自分の言葉で動かさなければいけない。**相手に合わせた話し方をすることで、部下のやる気を最大限に引き出すのが、「頭がいい上司」なのだ。

本書では、「頭がいい上司の話し方」を、できるだけ具体的、実践的に解説していきたいと思う。

二〇〇七年八月

樋口裕一《ひぐちゆういち》

目次

頭がいい上司の話し方

Part 1 頭がいい上司の話し方　13
――部下をやる気にさせる、樋口式「四部構成」の話し方

Part 2 頭が悪い上司の共通点 ——あなたは、こんな話し方をしていませんか

Part 3 経営者になりたい人の話し方訓練法 ——人の上に立つためには、何が一番大切か 177

Part 1

頭がいい上司の話し方

――部下をやる気にさせる、樋口式「四部構成」の話し方

1、【「上司の仕事」の基本的考え方】

上司の仕事は、部下を使って「成果」を出すこと

どんな仕事も、一人ではできない。たとえば、いま私は一人で原稿を書いているが、この仕事も実は編集者との共同作業だ。編集者だけではない。原稿が紙に印刷されて本になり、読者の手元に届くまでには、多くの人々が関わるだろう。

あらゆる仕事はそういうものであり、したがって、そこには必ず「人間関係」というものが存在する。それをうまく築けるかどうかが、仕事の成否を左右するファクターのひとつであることは、いうまでもない。このことは、ほとんどすべての職業に共通する。

と、ここまでは、ごく常識的な話だ。「仕事で成功するには人間関係が大事だ」といわれ

て、それを否定する人はまずいない。

とくに企業や役所などの組織で働いている人にとって、人間関係はきわめて日常的な問題だろう。よくいわれることだが、人が抱える「仕事上の悩み」は、その大半が「人間関係上の悩み」だ。誰だって、職場でいい人間関係を築きたいと思っているに違いない。

管理職ともなれば、なおさらだ。人間の集団をコントロールするのがリーダーの役目だから、自分が預かった部署の人間関係のあり方には常に気を配らざるを得ない。そこで働いている部下たちとの関係は、多くの上司にとって頭痛のタネになっているはずだ。

しかし、部下とのあいだで築くべき「いい人間関係」とはどういうものかを、正しく具体的にイメージできている上司は意外に少ないのではないだろうか。その重要性はわかっていながら、目指す方向が漠然としているから、いつまでも部下との関係で悩むことになるのだ。

というのも、漠然と「いい人間関係」を作ろうと考えた場合、人は自然と**「円満な人間関係」や「友好的な人間関係」をイメージしてしまう。実はこれが、部下とのコミュニケーションをかえって難しいものにしている。**

そういうと、「一体それの何が悪いのか」と怪訝《けげん》に思う人が多いだろう。それも無理はない。ふつう、他人との関係が「良好な状態」とは、すなわち「仲がいい状態」だというのが当たり前の感覚だからだ。

もちろん、家族や親戚、地域社会や趣味の仲間との人間関係は、円満で友好的なほうがいいに決まっている。余計なトラブルや精神的なストレスを生じさせないためには、仲良くしておくのが一番だ。

しかし職場の人間関係というのは、単にトラブルやストレスなしに平穏無事な日常が維持できればよいというものではない。そこには、業務上の成果を上げるという目的がある。

そして、上司の仕事とは「部下を使って成果を上げる」ことだ。その目的が達成できなければ、職場でどんなに円満で友好的な人間関係を築いたところで、何の意味もない。逆に、人間関係に多少の波風が立ったとしても、仕事でいい結果が出ていれば、それで何の問題もないだろう。仲がよかろうが悪かろうが、仕事の目的を達成する「道具」としてうまく機能していれば、それは職場における「いい人間関係」なのだ。

イヤな部下を面白がるようになったら一人前

しかも現実には、「仲のよさ」と「仕事の結果」が裏腹なものになることが少なくない。

私自身がそうだ。ある出版社にとても仲のいい編集者がいるのだが、彼と一緒に作った数冊の本は、すべてがあまり売れなかった。本の出来上がり自体はけっして悪くないと思っているのだが、商売としては惨敗といっていいだろう。

著者と編集者との関係はさまざまで、その企画で初めて会い、何回か打ち合わせをするだけで一冊の本を作ることも多い。その場合、お互いの性格を深く知るところまでつき合っていないので、「好き」も「嫌い」もない（正直なところ、はっきりいって仲が悪い相手もいる）のだが、それでも彼と一緒に作った本よりはよく売れる。これからは、彼と仕事をするときには慎重でなければならないと自分にいい聞かせているところだ。

これは、私だけが特別に天《あま》の邪鬼《じゃく》な人間ということではないだろう。けっして仲がいいとはいえない人間同士がチームを組んだときに、仕事でいい結果を残すことは少なくない。

たとえば、舞台の上やテレビカメラの前では絶妙のコンビネーションを見せている漫才コンビが、私生活では口も利《き》かないほど仲が悪いというのは、よくある話だ。彼らは「人を笑わせる」という目的を達成しやすい相方を選んでいるのであって、お互いのことが好きだからコンビを組んでいるわけではない。そういう漫才師もいないことはないだろうが、おそらくそれでは売れないと思う。

野球やサッカーのような集団競技も同じだ。チームの目的は、もちろん「勝利」だ。そこで監督が、実力とは関係なく自分の好きな選手ばかりを起用していたら、チームは強くならない。勝利という成果を上げるために必要な選手を、もっとも有効な形で使いこなすのが、監督の仕事だ。たとえイヤな奴であっても、使える者は使うのが正しい。

最近のプロ野球なら、中日の落合博満《おちあいひろみつ》監督がそのお手本を示してくれた。オリックスから追い出され、どの球団も引き取ろうとしなかった「嫌われ者」の中村紀洋《なかむらのりひろ》選手を格安の年俸で雇い入れ、見事に使いこなしてみせた。

スポーツ新聞などの報道を見るかぎり、中村選手の入団に対しては、チーム内に反発の声もなかったわけではない。しかし、そんな波風はものともせずに「成果」を上げるために必要な選手を使う落合監督は、「部下との人間関係」の本質は何かということをよく知っているリーダーだといえるだろう。おそらく、現役時代の自分自身が「監督に好かれる部下」ではなかったこともあって、和気あいあいの「仲良しグループ」では勝てないことを肌で実感しているのだと思う。

どんな職場にも、イヤな奴、ソリの合わない奴、クセのある奴など、ふつうの意味での「良好な人間関係」をギクシャクさせるタイプの人間はいるものだ。漠然と「いい人間関係を作ろう」と考える上司は、そういう連中とも何とかして仲良くしようとする。

しかし、上司と部下の人間関係で大事なのは、仕事上の「利害」であって、「好き嫌い」ではないと考えるべきだ。したがって、そういう部下を好きになれなくても全然かまわない。人間的に嫌いな部下であっても、業績を上げるための「駒」としての使い道があればそれでいいのだ。

「イヤな奴」を「いい奴」にしようと心を砕くより、イヤな奴をイヤな奴のまま有効活用する方法を考えたほうがいいだろう。イヤな奴というのは、たいがい誰にとってもイヤな奴だから、たとえば取引先に対して強気な立場でプレッシャーをかけたいときに「打席」に送り込む、という手もある。

そんなふうに、それぞれの部下のキャラクターに合った起用法を考え、起用したときに期待どおりの結果を出すようにコントロールするのが上司の仕事であり、職場における「人間関係作り」の要諦《ようてい》だ。

そう考えれば、イヤな奴を見ても「なんであいつはこうなんだ」と腹が立つこともなくなるだろう。ユニークな「駒」のひとつだと思えば、むしろ「次はどんな不愉快なことをしてくれるだろうか」と楽しみにさえなってくる。イヤな部下の言動を面白がって観察できるようになれば、上司として一人前だといえるかもしれない。

それに、自分の采配《さいはい》が的中して、部下がいい仕事をしてくれたら、イヤな奴でも好きになるのではないだろうか。いや、結果を残した部下をその一点だけで好きになるのが、人間関係を「利害」で考えるということだ。

部下から好かれようと思うな

また、ここで忘れてほしくないのは、「逆もまた真なり」ということだ。**職場の人間関係は「利害」がすべてだから、上司が部下を好きになる必要はないわけだが、それと同じように、部下も上司を好きになる必要はない。**自分の能力や意欲をきちんと引き出し、組織のリーダーとして正しく「機能」さえしてくれれば、それだけで部下にとっては「いい上司」なのだ。

ところが、多くの上司がそこを勘違いしている。自分が部下だったときは上司を好きになることなどなく、「余計なことを言わずに自由にやらせてくれればＯＫ」ぐらいに思っていたはずなのに、**自分が管理職になったとたん、どういうわけかすべての部下に好かれたいと考えてしまう。**

しかし、どんな集団であれ、そこに所属しているメンバー全員が自分を好きになってくれることなど、絶対にない。相性の悪い人間は必ずいるし、大半は好きでも嫌いでもないニュートラルな感情を持っているのがふつうだ。一〇人のうち二人か三人でも自分を好きになってくれる人がいれば、かなり多いほうだといえるだろう。

それを「全員に好かれたい」と思い、そうなるように仕向けようとするのは、(相手が異性だろうが同性だろうが)広い意味の「セクハラ」に該当するのではないかとさえ、私は思う。たとえ男同士だとしても、上司から「自分を好きになれ」「尊敬しろ」という無言のプレッシャーを受けるのは、かなり鬱陶《うっとう》しいものだ。どんな形であれ、仕事の人間関係に「好き嫌い」の感情を持ち込むのは、きわめて不潔なことだと思ったほうがいい。

おそらく、部下に好かれたがる上司が多い背景には、「人望のない者はリーダーになれない」という幻想があるのだと思う。「人望」というのは、他人から寄せられる好意・信頼・期待・尊敬などがないまぜになったものだろう。もちろん、ないよりはあったほうがいいに決まっているが、そんなに偉大な人物が会社のなかにゴロゴロいるわけがない。

ゴロゴロいるわけがないのに、管理職のポストは数多く用意されているのだから、「人望が大切だ」とそれを追い求めて汲々《きゅうきゅう》とするのは、滑稽《こっけい》なことだといわざるを得ない。

上司に必要なのは、「人望」ではなく「権威」

にもかかわらず、**上司になったとたんに「人望」を身につけたいと願うのは、日本（あるいは儒教《じゅきょう》社会）独特の感覚かもしれない。**そう思うのは、日本とアメリカのドラマでは描かれる「上司像」が異なるからだ。

たとえば刑事ドラマを見ても、日本では『太陽にほえろ！』のボス（石原裕次郎《いしはらゆうじろう》）がそうだったように、上司はすべての部下から慕《した》われ、敬愛されている。しかしアメリカでは、同じ刑事ドラマでもそんなことはない。たいがい、上司と部下は対立している。いつもケンカばかりしながら、それでもチームとしてはしっかり機能し、事件を解決していくのがアメリカの刑事ドラマだ。

刑事モノではないが、救急医療の現場を舞台にした『ＥＲ』もそうだ。医師たちの人間関係はかなり複雑で、ギクシャクしたところが多いが、上司と部下の命令系統などは破綻《はたん》することがなく、次々と運び込まれる急患に全員でテキパキと対応していく。

どちらが職場のあり方として現実的かといえば、当然、アメリカのほうだろう。職務上の上司だからといって、みんなから好かれることなど実際にはあり得ない。それでも各自が与えられた任務を確実に遂行し、チームとして結果を出すというのが、プロの集団のあるべき姿だ。

そういう集団のなかで上司に求められるのは、部下からの「人望」ではなく、部下に対する「権威」だ。これは、集団を統率する上で欠かせない。アメリカのドラマで描かれる上司たちも、人望はないが、部下に対して権威は明確に示していることが多い。

「オレの命令が聞けないなら辞めてもらう」といった台詞《せりふ》を上司がはっきりと口に出し、部下がそれに従うというシーンは、日本のドラマには滅多《めった》にないが、アメリカのドラマではよく目にする。これが、本来あるべき上司と部下の人間関係だろう。

何度も引き合いに出して恐縮だが、中日の落合監督も（失礼ながら）人望がそれほど厚いとは思えない。本人も、選手たちに「好かれたい」「尊敬されたい」などとは微塵《みじん》も思っていないだろう。

しかし「戦い方はオレが決める」というリーダーとしての権威は、しっかりと示しているはずだ。アメリカのドラマに出てきたら似合いそうな、日本人には珍しいタイプのリーダーだ。

仕事に「全人格」を持ち込んではいけない

もうひとつ、上司が部下に好かれたがる理由として考えられるのは、「他人から好かれる(可能性のある)場所が、職場以外にない」ということだ。かなり切ない話だが、そういう人は多いのではないだろうか。

人間は誰でも、「他人に好かれたい」「尊敬されたい」という欲求を持っている。よほどの変わり者か世捨て人のようなひねくれ者でもないかぎり、誰も自分に好意を持ってくれない世間では生きられないだろう。とくに会社で管理職になるぐらいの年齢になれば、周囲からそれなりの敬意を払われる存在でありたいと思うのが人情だ。

ところが、それぐらいの年代になると、暮らしている「世間」が若い頃よりも狭くなっていたりする。仕事が忙しいので、学生時代の仲間とは疎遠になるし、趣味の世界も持つことができない。所属している人間集団は会社と家庭だけ、ということになりがちだ。

しかし、それまで自分が家庭を顧《かえり》みない生活をしていたせいで、家に帰っても居場所がなく、妻や子とは話が合わなかったりする。仕事の自慢話をしても、相手は意味がわからない。したがって、尊敬もされない。むしろ給料が安いことで妻に文句を言われ、立場がなくなったりする。

そうなると、尊敬される（かもしれない）場所は会社しかない。そこで誰にも好かれなかったら、もう後がない。いわば、職場が「自己愛の最終防衛ライン」になっているのだ。いまはかなり極端な話をしているが、多くの管理職にとって、自己愛を満たせる可能性がもっとも高い場所は、やはり職場なのではないだろうか。

だから、部下には好かれたいと思う。若い部下たちに尊敬されて、「オレは人望のある人間だ」と自分自身を納得させたいのだ。言動からその押しつけがましい態度が滲《にじ》み出てしまい、かえって部下に煙《けむ》たがられて人望を失っていることには気づかない。なんとも気の毒な話になっているが、そんな上司は大勢いる。

その場合、部下に好かれたい気持ちを抑えるのに必要なのは、やはり会社以外の人づき合いだろう。人的ネットワークが会社しかないから、自己愛を満たすためにはそこに「自分の全人格」を投入するしかなくなってしまうのだ。

本来、仕事というのは「人格のごく一部」を使ってやるものだ。そんなところに全人格を投入してしまったら、仕事で失敗したときに、もう逃げ場がない。ほかにも人間として光り輝くものはたくさん持っているはずなのに、その一点だけで自分という人間を否定することになってしまうわけだ。それは、いかにもバカバカしい。

自己愛を満たしてくれるネットワークを、会社の外に持つ

むしろ、職場での自分は、「ゲームのプレーヤー」として与えられた役割を演じていると思うぐらいでちょうどいいのではないだろうか。その意味では、私がふだん学生たちにしている、小論文の指導と通じるところがある。

昔から「文は人なり」などといわれるせいで、何か文章を書こうとすると「これで自分の人格がすべて判断されてしまう」と思って手がすくんでしまう人が多いのだが、少なくとも試験で書く小論文はそういうものではない。自分の全人格を表現する手段ではなく、「何を書けばウケるか」をゲーム感覚で考えるものだ。「これがウケる」と思えば、自分の性格や思想とかけ離れた内容にしたって一向にかまわない。それが、書くことを楽しむコツだ。

上司の仕事も、人格とは無関係なゲームとしてやっているのだと思えば、部下に嫌われたところで何の痛みもないだろう。「権威」というカードを使いながら、そのゲームを有利に進めることだけを考えればいい。

ただし、仕事を単なるゲームとして楽しむには、それを自分が関わる人的ネットワークの「ワンノブゼム」にしておかなければいけない。ネットワークをいくつか持っていると、どこか一カ所で人間関係がうまくいかなくても、そんなに気にならないものだ。

私も以前、講師として複数の予備校をかけ持ちしていたときは、とても気が楽だった。どれも仕事には違いないが、毎日あちこちで違う人たちと会っていると、こちらもいろいろな人格を使い分けて暮らすことができる。

すると、どこかに必ず自分の自己愛を満たしてくれる人はいるものだ。もちろん、なかにはイヤな奴もいるが、週に一度、何時間か職場を共有するだけなら、とくに腹も立たない。「こういう人間も世の中にはいるよな」と面白がって済むようなレベルだ。

会社勤めの場合はそんなにあちこち渡り歩くわけにもいかないだろうが、昔の仲間と会う機会を作る、趣味のサークルに入る、家族と過ごす時間を大切にするなど、やり方はいろいろあるだろう。

「好かれたい」「尊敬されたい」という欲求はよそで満たして、職場では自分自身をゲームの「駒」として扱えるぐらいクールになりたいものだ。

2、【若者はなぜ三年で辞めるのか?】

管理職の常識と、若者の常識はまったく違う

さて、上司と部下の基本的な関係性を理解してもらったところで、ここからは具体的な各論に入ることにしよう。

部下とのコミュニケーションの取り方は、相手のタイプや仕事上の場面などによって違ってくるが、そのなかでも多くの上司が頭を悩ませているのは、やはり何といっても「若者」との接し方だろう。これは、いつの時代も変わらない永遠のテーマであって、いまも昔も、若い社員は管理職世代にとって、もっとも扱いに困る相手だ。

とくに、いまは若者の会社での定着率が下がっており、入社から三年程度であっさりと辞

めてしまう者が多い。転職が当たり前になったせいもあるだろうが、この就職難の時代にようやく入った会社なのだから、居心地がよければそう簡単には辞めないはずだ。

では、なぜそんなに居心地が悪いのかといえば、やはり上司とのコミュニケーションがうまくいっていないことが大きいだろう。入社から日が浅い社員ほど、その労働環境における上司の存在感は大きい。そのため、「上司がイヤ」がそのまま「会社がイヤ」に直結してしまうわけだ。

無論、部下が辞めれば上司の責任問題にもなる。仕事を教えるための初期投資を回収しないうちに辞められたのでは、会社にとって大きな損失だ。

それを避けるには、まず上司の側が、自分の価値観が若い世代には通用しないということを自覚しなければいけない。しかしこれは、口でいうほど容易なことではないだろう。

というのも、いまの管理職が若手社員だった当時の会社は、会社側の価値観を理屈ぬきで新入社員に押しつけ、それこそ社員の「全人格」をみんな同じ色に染め上げていく場所だった。いったん入社したら定年までそこに勤めるのが当たり前の時代だったから、社員もそれを受け入れる。そうしないと生きていけなかった。

そういう「常識」が身についているので、いまの上司も若い部下に対して、「うちの会社ではこうするんだ」「仕事ってのはこういうもんだ」ということを、有無をいわさずに押しつけようとしてしまう。それで相手がいうことを聞かないと、「最近の若い奴の考えていることはわからん」と嘆《なげ》いてみせる。

だが、ここで嘆かわしいのは、むしろ上司のほうだろう。みんなが似たようなライフスタイルで生きていた時代ならともかく、これだけ人々の価値観が多様化しているときに、そんな話し方で若者を動かせるわけがない。上司が当然だと思っている前提条件を、部下はまったく共有していないのだ。

だから、どうして上司のいうような行動を取らなければいけないのか、彼らにはさっぱり理解できない。向こうは向こうで「上司が考えていることはわからん」と思っているわけで、そんな場所からは逃げ出したいと思うのが当たり前だ。

異なる価値観の相手とのコミュニケーション手段は、「論理」しかない

先ほど、管理職世代は会社以外のネットワークを持つべきだという話をしたが、若い世代の場合、最初からそれをいくつも持っている。

ただし、ひとつひとつのネットワークはそう大きなものではない。たとえば学生時代の仲

間にしても、十数人のグループで一緒に遊んでいるわけではなく、日頃から行動を共にしているのはほんの数人の仲間だけだ。

そういう**小さな「タコ壺《つぼ》」のようなネットワークをいくつも持って、その内部だけで通じる言葉をやり取りしているのが、いまの若者だ**と思っていいだろう。インターネットのミクシィや掲示板などのなかで、顔も知らない仲間たちと濃密な「タコ壺」を形成している者も少なくない。そして、それぞれのタコ壺のなかで、別々の人格を持ったりしている。

それに対して上司のほうは、会社という巨大なネットワークの内部で通用する言葉しか持たず、しかもそこに全人格を投入している。上司と若い部下では、お互いにコミュニケーションのルールがまったく異なるから、話が通じないのも無理はないだろう。

したがって上司としては、**若い社員にとって会社は全人格を捧《ささ》げるネットワークではなく、いくつかある「タコ壺」のひとつにすぎない**ということを理解しなければいけない。そういう前提で向き合えば、同じ価値観に染め上げるための旧態依然《きゅうたいいぜん》としたコミュニケーションには意味がないことがすぐにわかるだろう。そうではなく、異なる価値観の相手にも通じるようなコミュニケーションの手段を選ばなければいけないわけだ。

その場合、**頼りになるのは「論理」以外にない**。

昔の日本人のように、基本的な価値観やライフスタイルを共有している者同士のコミュニケーションなら、いちいち説明しなくてもわかり合える部分がたくさんあるだろう。いわゆる「阿吽《あうん》の呼吸」や「以心伝心《いしんでんしん》」というやつだ。

しかし共有するものがない相手には、「なぜそれをやるべきなのか」を一から丁寧に説明しなければ、わかってもらえない。ロボットに「よろしく頼む」と命令しても動かないのと同じことだ。ロジカルな手順を正しく踏んで操作しなければ、何も伝わらない。

論理的な説明こそが、異なる価値観を持つ相手とのコミュニケーションを成立させる、唯一のツールなのだ。

若者とは、「理解し合えない」ことを前提につき合う

実際、何か命じるたびに「どうしてですか？」などと聞き返してくる最近の若者のことを、「理屈っぽい」と感じている上司も多いだろう。ただ、だからといって、いまの若者に高い論理的思考力が備わっているというわけではない。

小論文の指導をしている者の実感としては、むしろ昔よりも物事を論理的に考えられない若者が増えている。それでも**彼らがいちいち説明を求めるのは、理屈っぽいからではなく、**

単に相手のいっていることが「わからない」からだ。論理的な思考力が高ければ、ある程度は自分で考えればわかるだろう。考える力がないから、いちいち教えてもらおうとする。

一方、**上司のほうも会社内の「以心伝心」的コミュニケーションに慣れてしまっているので、物事を論理的に説明する能力が低下している。**だから、部下に「どうしてですか?」と質問されてもうまく答えることができない。お互いにロジカルな能力が欠けているから、コミュニケーションが成り立たないわけだ。

しかし、だからこそ、そこで職務上の人間関係を築くためには、論理の力が求められる。こちらの常識が通じず、論理的思考力も不足している部下とつき合うには、上司の側が「バカにもわかる理屈」で話をするしかないだろう。「なんでこんな奴と仕事をしなきゃいけないんだ」と溜息《ためいき》をつきたい気持ちもわからなくはないが、そういう若者を採用してしまった以上、しょうがない。その現実を引き受けて、目の前にいるゲームの「駒」を動かすテクニックを磨《みが》く以外にないのだ。

その場合、論理的なコミュニケーションはあくまでも仕事の成果を上げるためのツールだから、それによって若い部下のことが「理解できる」などと思ってはいけない。意思の伝達がうまくいったとしても、「あいつらの考えていることはわからない」という思いはいつまでも残るだろう。

しかし、仕事は若者と「わかり合う」ことを目的にやっているわけではないのだから、それでいいのだ。「わかり合えるはずだ」という幻想を前提にしてつき合っていると、かえってコミュニケーションが成り立たない。

別々のタコ壺で暮らしている者同士が一緒に仕事をするためには、「成果を上げる」という共通の目的と、「論理」という共通のツールだけがあれば十分だ。人生観や価値観を共有する必要は、まったくない。

3、【上司の話し方の基本＝樋口式「四部構成」の話し方】

日本人が「論理」を苦手としている理由

相手が若者かどうかにかかわらず、部下に何か指示を出したときに「なぜそれをやるのですか?」と問い返されると、たいがいの上司は内心でムッとするものだ。いや、質問に答える代わりに、「ツベコベいわずに、さっさとやれ!」と叱りつける人も多いだろう。

そこで腹が立つのは、部下の言葉が単なる質問には聞こえないからだ。本人の意図は別にして、この質問はその背後に「やらなくてもいいんじゃないですか?」というニュアンスを含んでいる。つまり、指示を出した上司にとっては、質問の顔をした「反論」にしか聞こえない。

しかし、これに腹を立てているようでは、いまの時代に通用する「頭がいい上司」とはいえない。もはや部下からの「人望」や「尊敬」を求めてはいけない時代になっている以上、「黙ってオレについてこい」的な発想はあまりにも古すぎる。**上司への絶対服従が当然だった昔と違い、いまの部下は「納得のいく説明」を求めているのだ。**

彼らが「やる気」を持って仕事に取り組むためにはそれが不可欠なのだから、上司もそれに応えなければいけない。部下からの反論など、あって当たり前。そんなものには動じることなく、堂々と部下を論破して初めて、上司としての「権威」が保てるというものだろう。有無をいわさずに命令口調で話す上司に対して部下が感じるのは、ただの「恐怖」や「嫌悪」であって、けっして「権威」ではない。

ところが会社の管理職にかぎらず、元来、日本人というのは、物事を論理的に説明するのがひどく苦手だ。これは、そもそも論理というものが、「自分と他人は違う」ことを明らかにして、自らの主張を述べるための道具だからだ。

ライフスタイルや考え方などの同質性が高く、たとえ違いがあってもそれを顕在化《けんざいか》することを避け、何事も「そうだそうだ」と意気投合しながら決めていく日本のような社会に、論理的な話し方はあまり必要ではない。昔はそんなものを使わなくても、簡単に意見がまとまった。

もちろん、そういう社会にも異端児《いたんじ》はいるから、みんなの合意事項に対して反論がまったく出ないわけではなかった。しかし、それはほんのわずかな少数派にすぎないので、いちいち説得する必要はない。「あいつは変わり者だから」と決めつけて放っておけばいいし、どうしてもいうことを聞けないのなら村八分にでもして除《の》け者にしてしまえば話は済む。いずれにしろ、「なぜそれをしなければいけないか」を、根拠を示しながら論理的に主張する必要はなかった。

だが、いまは日本も変わった。価値観が多様化したので、自分と他人が違うのは当たり前の世の中になっている。したがって、意見の異なる「変わり者」を排除していたら、会社そのものが成り立たない。理屈抜きで意気投合できる人間だけで何かをやろうとすれば、それこそ少人数の「タコ壺」がいくつもできてしまい、大きな組織にはならないだろう。

同じ目的に向かって組織を動かすためには、反論してくる相手を論理的に説得しなければならない時代になったのだ。

樋口式「四部構成」の話し方

そこで、論理的な話し方を苦手にしている管理職に参考にしてもらいたいのが、私が以前から提唱している「小論文の書き方」だ。小論文は「他人とは異なる自分の主張」を論理的に説明するものだから、当然、話し方にも応用できる。

その小論文の書き方のなかでも、私が論理の基本構造として重視しているのが、**「問題提起→意見提示→展開→結論」という流れから成る「四部構成」**だ。これを話し方の基本として身につけるのが、「頭がいい上司」になるための第一歩だと思う。順に説明していこう。

まず第一に、問題提起。論理的な話し方の下手な人は、ここが曖昧《あいまい》になっていることが多い。大事なのは、これから自分が何の問題について話すのかをズバリと示すことだ。その場合、テーマは「イエス」か「ノー」かで答えられる命題の形になっていることが望ましい。つまり、あえて「反論」が出やすい話し方をするわけだ。

たとえばチーム全員で飲みに行くなら、「今夜の飲み会について説明します」という話し方では問題提起にならない。「今夜はみんなでイタリア料理店に行こうか」といった形にすべきだ。

第二に、それに対する反対意見について検討する。小論文の場合は書き手のひとり語りだが、それでも冒頭で提起した問題への「ノー」の意見を仮定し、「たしかに、こういう意見もあるだろう」といういい方で、それを議論の俎上《そじょう》に載せるわけだ。その意見にも一理あることを認めた上で、「しかし……」と自分の主張を展開していく。「たしかに中高年は和食系のほうがいいという意見が根強いが、しかし若手からは、たまにはイタリア料理という声が多く上がっている」といろいろな意見に配慮しながら、検討していく。

そして第三段階では、「なぜなら……」という形で根拠を明確に示しながら、自説を述べる。「私はやはりイタリア料理がいいと思う。なぜなら今日の主役、誕生日の○○君もイタリア料理を希望しているからだ」となる。

最後の第四段階では「したがって……」という形で結論を述べる。「したがって、今夜はイタリア料理店に行こう」と話をしめるのだ。

会話例だけを抜粋すると、次のようになる。

①「今夜はみんなでイタリア料理店に行こうか」

②「たしかに中高年は和食系のほうがいいという意見が根強いが、しかし若手からは、たまにはイタリア料理という声が多く上がっている」

③「私はやはりイタリア料理がいいと思う。なぜなら今日の主役、誕生日の○○君もイタリア料理を希望しているからだ」

④「したがって、今夜はイタリア料理店に行こう」

体育会系の部下に「理屈」は逆効果

こういう話し方は、やろうと思ってすぐにできるものではないから、日頃からのトレーニングが必要だ。たとえば自分が一人で昼食を食べに行くようなときにも、頭のなかで問題提起をし、それに対する反論を考え、何を食べるかについて論理的な結論を下す習慣をつけるといいだろう。家庭でも、何かと不平不満を口にする妻や子供を煙たがらず、このスタイルで冷静に話し合ってみるといいかもしれない。

また、この「四部構成」のなかでも、上司が部下に話をする場合にとりわけ重要なポイントとなるのは、第二段階の「たしかに……しかし……」と、第三段階の「なぜなら……」だろう。日本のリーダーには、地位が上がれば上がるほど部下の言葉を聞かずに一方的な話し方をする人が多いし、根拠も示さずに物事を決めつけるケースも多い。これは、もっとも相手のプライドを傷つけ、不満を抱かせる最悪の話し方だ。

自分の意見を無視され、はっきりした理由もわからないまま仕事を押しつけられたのでは、誰だってやる気をなくす。実際には、あまりにバカバカしくて検討に値しない「反論」も少なくないとは思うが、それでも**一度は「たしかに」と受け入れて、なぜその意見がダメなのかを論理的に説明しなければいけない**。逆に、それがうまくできないようなら、自分の指示や意見に何か問題があることを疑ってみたほうがいいのではないだろうか。

ただし、冒頭で述べたとおり、コミュニケーションのスタイルは相手のキャラクターに合わせて選ぶことが重要だ。なかには、こうした論理的な話し方が通用しない部下もいる。いわゆる「体育会系」の人間がそうだ。

彼らは先輩や指導者に対して「絶対服従」を当然とする昔ながらの感覚を持っているから、上司が言葉を尽くしてツベコベと説明すると、かえってまどろっこしく感じてしまうことが多い。理屈っぽい人間を信用せず、「黙ってオレのいうとおりやれ！」と平気で理不尽《りふじん》な命令を下す人間に「権威」を感じるのが、体育会系のメンタリティなのだ。

『上司が鬼とならねば部下は動かず』という考え方には賛否両論があるが、少なくとも体育会系の部下に関しては正しいといえるだろう。くれぐれも、ここで紹介した「四部構成」の話し方が「バカのひとつ覚え」にならないよう、気をつけてもらいたい。

4、【上司はまず「挨拶《あいさつ》」を心がける】

「無視」ほど、心にダメージを与えるものはない

論理的な話し方にはどこか事務的で冷たいところもあるので、その重要性ばかり強調していると、部下の「感情」には配慮する必要がない、といっているような印象を与えてしまうかもしれない。だとしたら、それは誤解だ。

もちろん、ビジネスは感情に流されない冷徹な判断に基づいて進めなければいけないわけだが、生身の人間を相手にしている以上は、部下の「気持ち」を無視していいはずがないのは当たり前だ。それに、論理的な話し方は相手の感情面と無関係なわけではない。先ほど述べたとおり、「四部構成」で、反論を「たしかに……」と聞き入れるのは、「自分は他人とは

違う」という相手のプライドを傷つけないようにするためでもあった。

そもそも上司にとっては、部下の「やる気」という心理的なファクターを高めるのが最大の仕事だといっていい。どんなに論理的な話し方がうまかったとしても、感情面で部下を腐らせるような上司は最低だということだ。

では、部下が上司との人間関係のなかでもっとも深く心を傷つけられ、**感情面で最悪のコンディションになるのは**、どういうときか。それは、自分の意見を却下《きゃっか》されたときでもなければ、ミスをして叱責《しっせき》されているときでもない。**上司に「無視」されているときだ。**

自分という部下がそこに存在することを上司が認識していないように感じるとき、あるいは、顔も名前もない「その他大勢」の一人としか見ていないように思えたとき、部下はひどくプライドを傷つけられ、仕事への意欲を失うのだと思う。

たとえば児童虐待《ぎゃくたい》にしても、暴力や暴言より、親の「育児放棄（ネグレクト）」がもっとも子供のトラウマを深くするという説がある。教室でのいじめも、一人を全員で「シカト」するのはかなり残酷だ。

そういえば『西遊記《さいゆうき》』のなかにも、孫悟空《そんごくう》のあまりの素行《そこう》の悪さに憤《いきどお》った三蔵法師《さんぞうほうし》が、いっさい口を利《き》かずに無視し続けるという場面があった。罰を与える場合も、「無視」がもっともキツイということだろう。もし会社で社員に対してそんな罰を与えたら、虐待行為として訴訟沙汰《そしょうざた》になるに違いない。

もちろん、故意に部下を無視する上司は（よほど感情的に対立でもしないかぎり）いないとは思う。だが、こちらが無視しているつもりではなくても、相手がそう感じることは少なくない。とくに人数の多い工場のような職場では、各自に違った業務が与えられるわけでもないので、一人ひとりの部下が「その他大勢」のなかに埋もれがちだ。

相手に「自分一人ぐらいいなくても気づかないんじゃないか」などと思われたら、無視しているのと同じことだ。

挨拶は、「あなたの存在を認めている」というメッセージ

したがって上司は、自分が部下にいつも「注目」していることを、明確な形で示さなければいけない。そこで有効なのが、「挨拶」だ。

挨拶が人づき合いの基本であることは、小学生でも知っているだろう。しかし、挨拶がなぜ重要なのかを意識している人はそう多くない。単に「当たり前のマナー」としか思っていない人が多いわけだが、それがマナーとして大切なのは、これこそが個人と個人の最低限の

コミュニケーションを維持するからだ。

　つまり、少なくとも挨拶さえしていれば、そこにお互いを「個人」として認め合った最低限の関係性が成立するということだ。挨拶は、ただ気持ちがいいからするのではなく、「自分はあなたの存在を認めている」「あなたの顔や名前を知っている」「あなたと私は、同じ人間同士だ」というメッセージを伝えるために交わすものなのだ。たとえ「やあ」とか「どうも」といった簡単な挨拶であっても、そこにはきわめて饒舌《じようぜつ》な言葉が含まれている。

　逆にいえば、**挨拶をしないということは、「私はあなたを無視している」と表明したのと同じこと**。だからこそ挨拶は人間関係の基本になっているといえる。人間だけではない。犬同士だって、お互いの臭《にお》いを嗅《か》ぎ合うという形で挨拶を交わしている。

　人間同士で挨拶を省略しても許されるのは、せいぜい家族のあいだだけだろう。もちろん家族だって挨拶はしたほうがいいわけで、どんなに親しい友人同士であっても挨拶は必要だ。職務上のつながりにすぎない上司と部下の場合、挨拶なしでまともな人間関係が成り立つことは絶対にない。

　なかには、挨拶は部下のほうからしてくるものだと思っている人もいるだろう。上司たる者、自分から部下に声をかけるのは沽券《こけん》に関わる、というわけだ。ろくに挨拶をしようとしない無礼な部下に対しては、自分も突き放した冷たい姿勢を取るという人も多いと思う。

しかし、ふだん「上司のことなんか眼中にないよ」とでもいいたげな態度を見せている部下も、自分が「上司の眼中にない」とは思いたくないはずだ。たとえ相手のことを「ダメ上司」だと思っていても、自分の存在はちゃんと認識してほしい。いや、ダメ上司だと思っていれば、なおさら相手に自分の優秀さを見せつけ、相手のダメさ加減を思い知らせてやりたいのではないだろうか。

ならば、上司の側から声をかけて部下の自己愛を満たしてやり、仕事で成果を上げてもらえばいい。**「挨拶ぐらいちゃんとしろ！」などと叱りつけて部下のやる気を奪うより、上司のほうから声をかけてやったほうが仕事の上では効果的だ。**それに、よほどの偏屈者でもないかぎり、上司が欠かさず挨拶をしていれば、部下も挨拶をするようになるだろう。

ただし、上司と部下の関係はそれぞれ異なるから、声をかけるときの距離感は相手のキャラクターによって加減したほうがいいだろう。上司との親密な関係を求めている部下もいれば、あまりベタベタしたつき合いはしたくないと思っている者もいる。同じ朝の挨拶でも、「おはよう」だけで済ませたほうがいい相手もいれば、「今日は顔色がいいね」「髪型を変えたみたいだけど、似合うじゃないか」などといわれるのを喜ぶ相手もいるわけだ。**相手が**

「鬱陶しい」と感じる一歩手前まで近づくのが、理想的な挨拶だろう。

挨拶は、部下の「変化」に上司が気づくチャンスでもある。仕事上のトラブルや悩みなどを抱えている人間は、ちょっとした挨拶の瞬間にも、顔色や態度にその「異変」が滲み出るものだ。しかし、相手の顔も見ないで形式的な挨拶をしているだけでは、その変化が読み取れない。部下の異変を察知するためにも、日頃から相手とのギリギリの距離感をつかんでおくべきだろう。

部下を「匿名《とくめい》の存在」にすると、モラルが下がる

また、挨拶という最低限のコミュニケーションさえできていない職場では、社員のモラルが低下するのも避けられない。挨拶は相手の存在を認める手段なのと同時に、「おまえがやることをオレは見ているぞ」という「監視」の意味も持っているからだ。

部下を持つ上司は「管理職」というぐらいだから、受け持った部署の人間の仕事ぶりをしっかり管理しなければいけない。管理の基本は「目配りをする」こと、つまり監視を怠《おこた》らないことだ。したがって管理職は「監視職」でもあるわけだが、これは部下にとってあまり気持ちのいい存在ではない。ジロジロと見られていると思うと、自分が信用されていないよう

で不快な気分になるだろう。

そこで管理職としては、相手が監視されていると思わないような形で、しかし部下の行動を自分が把握《はあく》していることをわからせたい。そのためには、こまめに挨拶をして相手について認識していることを伝えるのが一番だ。

上司から挨拶されない部下は、「その他大勢」として扱われることに寂しさを覚える反面、「匿名の存在」としての気楽さも味わっている。「自分がいなくても気づかないのではないか」と思った人間は、やがて「サボって手を抜いてもバレないだろう」と考えるようになる。

実際、ある企業の工場で不良品が続出した際、経営者が現場に足を運んでみたところ、職場での挨拶がまったくできていないことに気づいたという。しかし、いきなり「挨拶運動」のようなものを大々的に始めるのも空々《そらぞら》しい。そこで、その経営者は愚直《ぐちょく》そうなベテラン社員を見つけて、「この工場は挨拶がないですよね」と話してみた。

するとその社員は翌朝から一人で工場の門に立ち、出社する同僚たちに「おはようございます、おはようございます」と声をかけ始めたそうだ。それがきっかけで工場全体に挨拶する習慣が広まり、その結果、不良品の数は激減したという。

一人ひとりの従業員が「匿名の存在」ではない「認められた個人」としての自覚を持ち、

仕事に対するモラルが高まったのだろう。それほどの効果を発揮《はっき》することもあるのだから、「たかが挨拶」と侮《あなど》ってはいけない。「されど挨拶」なのだ。

とくに、**いまの会社というのは、正社員のほかに契約社員、派遣社員、請負《うけおい》社員など、さまざまな雇用形態の人間が混在しているので、昔よりも「匿名性」が高まりやすい**といえるだろう。会社への忠誠心も持ちにくいので、モラルが低下しやすいわけだ。その意味では、ますます職場における挨拶の重要性は高まっていると思う。

5、【上司の「叱り方」の基本】

三回目までに、必ず叱る

上司は部下が感情的な生き物であることを理解し、それに配慮しながら話をしなければいけないが、自分自身は感情的に行動してはいけない。これは、リーダーが守るべき鉄則のひとつといっていいだろう。

とりわけこの鉄則を忘れてはいけないのは、部下を叱るときだ。そこが職場である以上、「叱る」という行為も仕事の一部としてやっているのだから、自分の感情を発散させることがその目的になってはならない。「叱る」と「怒る」は違う。

相手が息子や娘のような家族なら、ときには感情を爆発させても許されることはあるだろう。お互いの甘えを認め、そのときどきの感情を受け入れ合うのが家族というものだ。それに、いくら感情的に叱っても、息子や娘が親にいきなり「辞表」を突きつけることはない。

しかし会社は違う。そこは、感情の受け皿ではない。あくまでも仕事で結果を出すことだけが目的だ。したがって、**腹を立てて怒るのではなく、あくまでも業務上の成果を上げるために必要だと判断した上で、「ここは叱ろう」と決めて叱らなければいけない**。感情で行動する上司は「気がついたら叱っていた」ということになりがちだが、頭がいい上司は、冷静な意思決定の結果として「叱る」ことを選んでいる。

とはいえ、人を叱るような状況では、多少なりとも心のなかに「怒り」があるのが当然だ。その感情を抑えて冷静な話し方をするには、「気持ちで叱る」のではなく「テクニックで叱る」ことを心がけるといいだろう。要は「いかに叱るか」を考えるということだ。ゴルフクラブを選択するように、いろいろな叱り方のなかから「今回はコレ」と選ぶぐらいの余裕があれば、自分の感情に振り回されることはない。

ちなみに私の場合、大学や予備校で学生たちを叱るときは、「三回目の原則」を自分に課している。いまどきの教室はどこも私語ばかりでザワザワしているのだが、だからといって、新学期を迎えた四月の最初の授業でいきなり叱るのは得策ではない。「気の短いイヤな教師だ」という先入観を与えてしまうと、それ以降の関係がうまくいかなくなる怖れがあるからだ。しかし、だからといっていつまでも放置しておくと、授業にならない。「この教師は怒らないから大丈夫」とナメられてしまい、収拾がつかなくなってしまう。

だから私は、一回目と二回目は黙ってやり過ごし、五月の連休前後の三回目の授業でガツンと叱ることにしている。こうすると、「今日は叱るぞ」という心の準備ができているので、厳しい言葉を吐いたとしても感情的にはならない。相手も、「これまでは見逃してくれていたんだな」というのがわかるから、「寛容《かんよう》だが甘くはない教師」という印象を持つだろう。「仏の顔も三度まで」とは、昔の人もいいことをいったものだ。

ともあれ私の経験では、このパターンで叱った場合、その後は一年間、教室の平穏が保たれる。一度の説教で最後まで効果が持続するのだから、かなり効率がいい。

職場でも、この「三回目の原則」は有効だろう。昔は「瞬間湯沸器《ゆわかしき》」のような怒りっぽい上司が多かったが、最近は部下を叱ることに及び腰な上司が多いので、「一回目のミスですぐに叱らない」というより、**「三回目までに、必ず叱る」ということを自分のルールとして決めておくといい**かもしれない。

「優しくて理解のある上司」を演じようとするあまりに、叱るタイミングを逸《いっ》してしまうと、素行の悪い部下を増長させることにしかならない。

説教は、三分以内に「反省」させて終わり

また、「叱るタイミング」と並んで重要なのは、説教に費やす「時間」だろう。いうまでもないとは思うが、「長々と説教する上司」ほど部下のやる気を奪うものはない。

しかし、「わかっちゃいるけどやめられない」のが説教というものだ。苦虫《にがむし》を噛《か》み潰《つぶ》したような顔をしているので外見的には不愉快そうだが、実のところ、説教をしている人間はそれを楽しんでいるようなところがある。なにしろ、そこでは自分のほうが地位が上であり、しかも相手が何か失敗をしでかしたという状況だ。圧倒的に優位な立場で自分の意見を口にできるのだから、気分が悪かろうはずはない。「オレが若い頃はな……」といった昔の自慢話も織り込むことができるので、「自分語り」の場としては最高だ。

だから、説教はつい長くなる。だが、これはもはや「説教」ではなく「演説」だ。上司の自己表現に一時間も二時間もつき合わされる部下はたまったものではない。「もう、こんなひどい目には遭《あ》いたくない」と思って次からは行動を改めるかもしれないが、それは上司の説教に懲《こ》り懲《ご》りしているだけであって、自分の失敗を反省したことにはならないだろう。

本質的な解決にはならないし、そんな上司のために仕事で成果を上げようという気にはならないから、こういう説教は何の役にも立たない。せいぜい、上司自身がいいたいことをいってストレスを発散できるだけのことだ。

したがって、まずは「誰のための説教なのか」という目的意識をはっきりさせておかなければいけない。説教は、叱る側の自己満足のためではなく、叱られる側が反省してそれを将来の仕事に活《い》かすためにやるものだ。

だとすれば、そんなに長い時間は必要ない。相手も自分が失敗したことは自覚しているのだから、**ポイントを絞って厳しい言葉で叱責すれば、すぐに反省する。うまく話せば一分、長くても三分あれば事足りる。**最初から「三分以内で終わらせる」と決めていれば、あらかじめ「この部下に一番足りないのは何か」を考え、それを端的《たんてき》に伝える方法を考えられるだろう。説教が長くなる人というのは、往々にして、自分が何について叱るのかを喋りながら考えている。それでは三分間で終わらせることはできない。

さらに、三分以内で説教を終わらせるためには、相手が反省の態度を示しやすい話し方を心がける必要もある。上司が自己満足に浸《ひた》っているわけではなく、本当に早く切り上げたいと思っているのに、部下がなかなか反省の言葉を口にしないがために終わらせることができない――というのも、説教が長くなるひとつのパターンだ。

これは、部下が反省していないわけではなく、上司の側がその態度を示すきっかけを与えていないことが多い。単に失敗した事実をあげつらって、「ここがダメ」「あれもダメ」と指摘するだけでは、叱られる側は「おっしゃるとおり」と頷《うなず》くばかりで、ひたすら聞き続けることしかできなくなってしまうのだ。

ひととおりいうべきことをいったら、「明日からどうしたらいいと思うか」といった質問を発して、部下が具体的な反省の言葉を口にできるように促すべきだろう。

逆にいうと、自分が部下として叱られる側に立った場合は、なるべく早い段階で明確に反省してみせるのが、上司の説教を短く済ませるための「テクニック」だということになる。

そして、部下がそういうテクニックを身につけられるように教育するのも上司の役目だ。日頃から、相手が反省したら説教を切り上げることを習慣づけながら、「うまく叱られてくれる部下」を育てれば、上司の仕事も効率的になる。

叱られてふて腐れる部下は、職場のテロリスト

タイミングや所要時間のほかに、頭がいい上司は、部下を叱る「場所」もよく考えて選ん

でいる。選択肢は、大きく分けて二つ。みんなの見聞きしているところで叱るか、陰に一人だけ呼んで叱るか、だ。

これはケース・バイ・ケースの判断になるが、プライドをズタズタにされた部下がやる気をなくすのを避けるために、**基本的には「人前では叱らない」ことを心がけるべき**だろう。それを遠慮しなくていいのは、人前で罵倒《ばとう》されることに慣れており、それで逆にファイトが湧《わ》く体育会系の部下だけだと思ったほうがいい。

相手の気持ちも考えず、それこそ自慢話も入った「演説」を全員に聞かせたいがために大声で喚《わめ》き散らすタイプの上司もいるが、これは最悪だ。

ただし、みんなの前で叱ってもよいケースがないわけではない。たとえば会議に遅刻や欠席を繰り返す人間がいた場合、それが「叱られた」という事実を明らかに見せておかないと、ほかのメンバーが「遅刻してもお咎《とが》めナシなのか」「あいつが叱られないならオレも大丈夫だろう」と思ってしまい、全体の規律がゆるむ怖れがある。そういう**誰が見てもおかしいと思える明白なルール違反に関しては、部署全体のケジメをつけるために、ほかの部下が見ている前で説教すべき**だろう。

とはいえ、それも相手のキャラクターによる。たとえば人並み以上にプライドが高いタイプの人間は、あまりあからさまに人前で恥をかかせると何をしでかすかわからないから、気をつけたほうがいい。打たれ弱くてすぐに萎縮《いしゅく》してしまうようなタイプも（そういう人はあまり規律を破らないものではあるが）、慎重に扱ったほうがいいと思う。その場合は、本人は陰で叱り、あとでほかのメンバーにも「叱った」ことが伝わるようなやり方を工夫してもいいのではないだろうか。

いずれにしろ、「叱る」という行為は相手を多少なりとも傷つけるものだから、しょげた部下の心に対する配慮を忘れてはいけない。目的は相手を痛めつけることではなく、仕事で成果を上げてもらうことなのだ。

フォローのタイミングは相手によっていろいろだ。何日か放っておいて、悔しさをバネにいい結果を出したときに褒めてやったほうが伸びる部下もいるだろう。逆に、相手が激しく落ち込んでしまい、その場ですぐにフォローしないと翌日の業務に差し支えることもある。とくに**女性や入社したての若い社員の場合、きつい説教一発で即辞表、というケースもいまどきは珍しくない**。

基本的には、なるべく早い段階でフォローしたほうが無難だ。「キミがこんなミスをするとは思わなかったよ」「あなたらしくないじゃないか」など、叱りながらも相手の潜在能力は認めていることをほのめかしておくのが、有効な手だと思う。なかなか業績が上がらなくて苦しんでいる部下なら、「いまのやり方はここがダメだから、こうすれば良くなるはずだ」と具体的な改善策を提案することも忘れてはいけない。

叱られた部下のなかには、「どうせオレはダメ社員ですよ」とでもいうような、ふて腐れた態度をとり続けることで抵抗しようとする者もいるだろう。上司としては、まずは部下がふて腐れないような叱り方をすべきだったわけだが、そうなってしまった以上、これを許してはいけない。部署全体の雰囲気が悪くなるし、上司の権威も失墜《しっつい》しかねないからだ。

そもそも**「ふて腐れてみせる」というのは、部下が上司に対してとれる唯一の暴力的手段**だといっていい。いわば職場の「テロリスト」だ。「クビにできるもんならしてみろよ」と開き直れば、上司は手が出せないとタカをくくっている。

そこまでナメられたら管理職の仕事は成り立たないので、これに対しては強く出るべきだ。相手が暴力的手段に訴えているのだから、こちらもいくらか暴力的な言葉を吐いたってかまわない。一度でもリーダーがテロに屈した職場では、必ず第二、第三のテロが起こる。

6、【「上司の権威」をわからせる話し方】

ミスをしても、意識的にやっていることだと思わせる

職場でミスをするのは、部下だけではない。上司も人間だから、ミスをすることはある。人を指導する立場にある者にとって、これは相当なピンチだ。ふだん、失敗した部下を厳しく叱っている上司ほど、そんなときに部下からの冷たい視線を感じるに違いない。

たとえば寝坊して会議に遅刻したときに、「いつもの課長らしくないじゃないですか」などと優しくフォローしてくれる部下は、まず存在しないだろう。

仮に存在したとしても、失敗して部下に慰められているようでは、上司としての権威が台無しだ。どちらにしても、それ以降の部下との関係にはマイナスが生じる。そう、ここで守

らなければいけないのは、上司としての「権威」なのだ。

もちろん、素直に「すまん」と頭を下げるというのも、ひとつのやり方だとは思う。遅刻してきたのに何事もなかったかのような顔をして席につき、部下に「自分には甘い人間なんだな」と不信感を抱かれるよりは、潔《いさぎよ》く謝る姿を見せたほうがマシだ。

かなり大袈裟《おおげさ》に、「私としたことが、大変申し訳ない。二度とこんなことのないように気をつける」と謝罪すれば、むしろ敬意を持たれることも多い。だが、それが許されるのは、年に一度か二度がせいぜいだ。それ以上になると、「またか」と思われてしまって、権威が失墜する。

本当に頭がいい上司であれば、「これ以上ミスを見せると、権威を失墜する」と感じたときには、部下の前で頭を下げたりはしない。ミスをしても、自分の権威が揺るがないように振る舞う。いったい、どうするのか。それは**けっしてミスではなく、「意図的にやったことだ」というフリをする**のだ。

実際、能力のあるリーダーほど、一見すると組織にマイナスを与えるように思えることを意図的にやることがある。たとえば、長期的な大きいプラスのために目先の小さなプラスを犠牲にする場合などがそうだ。プロ野球の監督でも、ここで投手交代をしないと目の前の試合に勝てないとわかっていながら、将来のエースを育てるためにあえて続投させるということがあるだろう。翌日のスポーツ新聞では「監督の継投ミス」と批判されるかもしれないが、それは監督がチームのために「意図的にやったこと」なのだ。

それができるリーダーは、「何事も信念を持ってやれる人物」という印象を与えるので、部下に対する権威が高まる。ならば、本当は失敗したのであっても、「意図的な行動」を装うのはけっして悪いことではないだろう。

組織の秩序を守るため、ある程度の「フィクション」は必要悪

それを「保身」と呼ぶ人もいるだろうが、組織の動揺を防ぐために「見栄」を張り通すのも上司の仕事のうちだ。自分の人格を守るのではなく、その組織を動かしている管理職という「装置」を守るのだと考えれば、そのための嘘はある程度まで許される。

いや、それは「嘘」というよりも一種の「フィクション」といったほうがいいかもしれない。人間は誰でも、何らかの「物語」を頼りにして生きているものだ。たとえば子供の自信を育てる上では、母親が（実態《じったい》はどうであれ）、「あなたのお父さんは立派な人だ（だからあなたも立派な人間になれる）」といい続けたほうがいいという。部下も、簡単に頭を下げる

ような上司の下では、自信を持って仕事をすることができないだろう。

もちろん、その「フィクション」を部下に信じさせられるかどうかは、上司の腕次第だ。どう考えても苦しい言い訳にしか聞こえないような嘘をつけば、かえって権威を激しく失墜させることになる。

会議に遅刻しても悠然と部屋に入り、にこやかに「そろそろ雑談も済んで空気があったまっただろうから、さっそく始めようか」などといい放てるぐらいでなければいけない。「上司はいろいろ計算して動いているんだな」と部下に思わせることができたら勝ちだ。

あるいは、「直前に入った情報で状況が変わったことがわかったので、改めて議題について練り直す必要があった」というストーリーでもいいだろう。上司はその会議で決める事案について誰よりも重い責任を背負っているから、ギリギリまで考え抜く必要がある。極端な話、「オレの結論を出すまでにはまだ時間が足りないから、会議は明日に延期する」という連絡を外から入れてもかまわないぐらいだ。

部下に文句をいわれたら、「オレはおまえらより難しい仕事をしているんだからガタガタいうな」と叱りつけるぐらいでちょうどいい。「上司には会議をドタキャンしてまで考えなければいけないことがあるのか」と思われれば、権威は高まる。

もう一度繰り返す。もちろん、ミスはしないに越したことはない。ミスをした場合、率直に謝って済むのであれば、そうする。だが、ミスを認めたために権威を失墜させる怖れがあるときには、フィクションを用いても権威を大事にする。それが組織の好ましいあり方なのだ。

ビジョンがしっかりしていれば、プロセスは朝令暮改《ちょうれいぼかい》でかまわない

ともあれ、そうやって懸命に守らなければいけないぐらい、「権威」は上司にとって大切だということだ。ミスをしたときだけではない。たとえば、仕事のやり方や方針について部下から何か進言された場合も、あっさり「それもそうだな」と聞き入れるようではダメだ。

その場では「理解のある柔軟な上司」だと思われ、部下からの評価が高まったような気がすることもあるだろう。しかし長期的に見れば、絶対に失うもののほうが大きい。「柔軟」というプラス評価はすぐに裏返って「信念がない」というマイナス評価になり、部下がいうことを聞かなくなる公算が大だ。

だから、**たとえ部下の意見が正しいと思っても即答はせず、いったん「わかった。考えておく」と態度を保留したほうが得策だ。**この場合も、けっして「うっかりしていて気づかな

かった」という素振りは見せず、あえて「意図的にやっていた」ことを相手にわからせるのが大事だ。

信念を持ってやっていたことだからこそ、部下に意見されてもすぐには変えず、熟考する時間が必要になるのだ。その上で、翌日にでも「あれから考えてみたが、今回はキミのいうとおりにやってみようか」と伝えればいい。自分の意見をひと晩かけて検討して採用してくれたのだから、即答されるよりも部下は嬉《うれ》しいはずだ。

また、部下に指摘されたわけではなく、上司が自分の考えで前言を撤回する必要に迫られることもあるだろう。いまは変化の激しい時代だから、昨日の判断が今日も正しいとはかぎらない。頭がいい上司ほど、状況に合わせて臨機応変《りんきおうへん》に行動できるだけの「瞬発力」を持っているものだ。

だから、**上司は「朝令暮改」を怖れる必要はない**。前言を撤回する際、「申し訳ないんだけど、やっぱりA案じゃなくてB案でやってくれる?」などと卑屈《ひくつ》な態度を見せたら、上司の権威は揺らいでしまう。「状況が変わった以上、B案で行くのが当たり前だ」という堂々とした態度を見せるべきだ。

もちろん、A案で作業を進めていた部下からは「だったら、もっと早くいってくれないと困ります」と不満の声が上がるだろう。たしかに、物事を進める「手続き」という面では、朝令暮改は最悪だ。急に「会議は明日に延期」と連絡するのもそうだが、突然の変更は現場に迷惑をかける。

しかし、突然の変更を決定する権限を持っているのもまた上司だ。必要とあれば、その権限を行使することに何の問題もない。というより、行使すべきだ。朝令暮改をためらって、間違った決定を下すよりも、上司の権限と責任で、正しい決定に改めるほうがよい。

それに、そもそも仕事は「手続き」さえ正しく踏めばいいというものではない。**大事なのは結果であって、どんなに正しい手続きを踏んだところで、業績が悪くなったのでは意味がない。**

したがって、仕事の目的を達するために、そのプロセスで指示がブレるのは一向にかまわない。ブレてはいけないのは、「最終的な目的」であり、「ビジョン」だ。自分の描いたビジョンが正しいという信念を持ち続けているかぎり、途中で部下を振り回すことがあっても、上司の権威が揺らぐことはない。

ただし、「責任はオレが取るから、黙っていうとおりにやれ」で済んだ昔とは違って、いまは何事においても「説明責任」が求められる時代だ。前言を撤回して方針を変える場合も、自分の掲げるビジョン自体に変更はなく、それを実現する手段として、いまはAではなくBでいくべきだということを、きちんと説明すべきだろう。

ここでも、前述した「四部構成」の論理的思考力が必要になるのはいうまでもない。**「たしかに前回はAでいくといった。しかし、いまはBだ。なぜなら……」という話し方で部下の納得を得るのだ。**

また、上司として赴任《ふにん》したときや、何か大きなプロジェクトを立ち上げるときなどに、あらかじめ自分の信じるビジョンを明確に示しておくことも大事だろう。それさえ部下にしっかりと伝わっていれば、あとは行動で示すことで部下の理解を得られる部分もある。

常に最終目的を見据《す》えて信念を貫いているところを見せていれば、いくらか朝令暮改があったとしても、部下はついてきてくれるものではないだろうか。

7、【部下の「本音」をうまく引き出す話し方】

部下をうまく飲みに誘う話し方

これまで何度か触れてきたように、上司と部下の関わり方は、昔といまとでは大きく変わっている。昔は通用したやり方でも、いまは通用しないことが少なくない。そのため上司としては、自分が部下だった時代の上司のやり方を、そのまま踏襲《とうしゅう》していいのかどうか迷う場面も多いだろう。

とくに昔とくらべて難しくなっているのは、アフター5のつき合い方ではないだろうか。

昔の会社は誰もがそれこそ「全人格」をそこに捧げていたから、終業後も、上司に飲みに誘われれば断らないのが当たり前だった。しかし前述したとおり、いまは会社がいくつもある

「タコ壺」のひとつにすぎない存在になっている。終業後はそれぞれ「別の世界」を持っているのだと思うと、なかなか声をかけられない。

だが、アフター5の「飲ミニケーション」が不要な時代になったかというと、けっしてそんなことはないだろう。いくら会社という「タコ壺」のなかだけの限定的な人間関係だとはいっても、仕事中のオフィシャルなコミュニケーションだけで十分ということにはならない。

上司が部下をゲームの「駒」として巧《たく》みに動かそうと思ったら、相手のプライベートな悩みや、仕事に対する本音なども知っておく必要がある。それを引き出すためには、酒でも飲みながらリラックスした状態で話をするのが一番だ。

だから「飲ミニケーション」を古臭い習慣として否定する必要はまったくないと思うのだが、昔のように誘うことができなくなっているのは事実。上司が男性で部下が女性の場合、二人きりで飲もうとしただけでセクハラになりかねないし、男同士であっても露骨にイヤな顔をされることがある。

何度か誘って断られ続けた結果、面倒臭くなって飲ミニケーション自体を諦《あきら》めてしまった人もいるのではないだろうか。そうなると、部下の本音を知る機会は永遠に失われてしまう。

しかし、上司と飲むことに積極的ではない部下も、そういう機会をまったく求めていないわけではないはずだ。いくら世代間のギャップのせいで話が合いにくいとはいっても、仕事という人生における重大事を共有している相手なのだから、ときには腹を割って話したい気分にもなる。**タイミングさえ合えば、つき合ってもいいと思っている部下は、実は多い**のではないだろうか。

ただ、いまの部下世代はいろいろな「タコ壺」を持っていてつき合いが忙しいので、アフター5の予定があらかじめ決まっていることが多い。だから、「今晩ちょっとつき合わないか」という昔ながらの誘い方では、断られる確率が高くなるのだ。

したがって上司としては、部下がつき合いやすいように、早めに予定を組んでおいたほうがいい。ただし、個々の部下に「来週の金曜日、一杯つき合ってくれ」などと誘うと、何か説教でもされるのかと警戒される怖れもある。気軽に誘っているような感じがしないのだ。

早めに予定を組んで、しかも**相手が気楽につき合えるようにするには、飲ミニケーションを「定例イベント化」してしまうのがいい**だろう。たとえば「毎月第二金曜」とか「偶数月の給料日」などと日を決めて、その夜は自由参加の飲み会を開くことにしておくのだ。

もちろん、酒が好きでない部下が混じっているようだったら、「グルメの会」、あるいは「甘党の会」でもいい。部下に喜んでもらえるような集まりを定期的に作っておく。

こうすると、上司はいちいち「断られるんじゃないか」とビクビクしながら声をかけるストレスから解放されるし、部下のほうも気が向いたときに参加すればいいので「断るストレス」を感じないで済む。

つき合いが悪く、チーム内でいつも孤立しているようなタイプの人間でも、何カ月かに一回は顔を出す気になるかもしれない。その程度の参加率でも「歓迎」されるのが、このシステムのいいところだ。「今晩つき合え」という上司の誘いをそんなペースで断っていたら関係は悪くなる一方だが、イベント化した飲み会の場合、「あいつはまた断った」ではなく、「あいつが今回は来てくれた」と思えるのだ。

部下に「インタビュー」して、自慢話をさせる

さて、そうやって飲ミニケーションの場を持つことができたとして、そこで気をつけなければいけないのは、あくまでも「部下の本音」を聞くために飲んでいるということだ。上司のほうが先に酔っ払って、本音やら愚痴やらを問わず語りに喚《わめ》いているようでは、お話にならない。イベントの参加人数は、どんどん減っていくだろう。

そもそも、人間が誰かと一緒に「飲みたい」と思うのは、「自分の話を聞いてもらいたい」

という欲求があるからだ。誰かの話を聞きたくて酒を飲みに行く奴はいない。飲み会に参加した部下も、上司の話を傾聴《けいちょう》したいのではなく、上司や同僚に何か話したいと思っている。その「話したい」ことを話させてやるのが、飲ミニケーションの目的だ。

しかし人間というのは、放っておけば話したいことを話し始めるわけではない。たいがいの人は、話したいことがあっても自分から口を開くことはせず、周囲が自分に水を向けるのを待っている。自分という人間に興味を持っている人のインタビューに答えるような形で自分の話をするのが、一番気分のいいことだからだ。

上司が相手なら、なおさらそうだろう。職場の上司が自分に興味を持ってくれるのは、それだけで大いに自己愛が満たされることだから、**「コイツの本音が聞きたい」と思う部下にはどんどん質問をすればいい**。いろいろ聞き出しているうちに、相手が一番話したいことは何なのかわかるはずだ。そして、それはほとんどの場合、「自慢話」だ。**相手が自慢したいことは何なのかを察して、ふだんから得意にしていることをどんどん話させるのが、上司が部下の本音に近づく方法なのだ。**

とくに、ふだん大っぴらに自慢できないようなことを自慢させて、それを受け入れてやると、相手はどんどん本音を漏らすようになる。たとえば東大出身者というのは、周囲に妬《ねた》まれるのを怖れて、自分の学歴について話しにくい立場にあるものだ。しかし本音では、それを聞いてほしいと思っている。

ならば、「おまえ、どうやって東大なんか入ったわけ？」などとストレートに質問してやればいい。「仕事ぶりを見てると、とても東大出とは思えないけどなぁ」などと茶化《ちゃか》しながら聞けば、相手も話しやすいだろう。

東大ぐらいのステータスになると、いくら茶化しても「負け犬の遠吠え」にしかならないから、相手の自己愛を傷つけることにはならない。どんな自慢話であれ、そうやって相手の自尊心をくすぐりながら聞いてやるのが、飲ミニケーションのコツだ。

つまり部下と酒を飲むときには、自分は脇役に回り、相手に主役を演じさせてやるのが、上司の仕事だということだ。「今日は無礼講《ぶれいこう》だから何でも本音をぶちまけろ」などといったところで、部下は自分が主役になれるとは思わない。「無礼講、一夜明ければ無礼者」という言葉もあるように、酒の席で下手に上司批判などすれば、翌日からひどい目に遭うことは、誰でも知っている。だから、**「無礼講」などとつまらないことをいってはいけない**。

上司がもっと親身になって、「おまえのことが知りたい」という姿勢を見せなければ、部下はその場の主役にはなれないのだ。

8、【部下のタイプに応じた話し方】

①上司を腹の底でバカにしている優秀な部下は、頼りにしてうまく使う

ここまでは、一般的な意味での「上司の基本」について話してきた。しかし本書の冒頭でも述べたように、部下にはさまざまなタイプの人間がいるので、基本だけでは対応できない。相手のキャラクターに応じて話し方を工夫できるのが、「頭がいい上司」だ。そこで、ここからは部下として扱い方の難しい典型的なタイプをいくつか挙げながら、その対処法を考えていくことにしよう。

まず、「仕事のできる優秀な部下」。デキの悪い部下ばかり抱えて苦労している人から見れば羨《うらや》ましい存在だろうが、実際にその上司になってみると、これほど扱いに困る相手もいな

いだろう。上司を立てることのできる謙虚な性格なら問題ないが、残念ながら、能ある鷹《たか》は爪を隠さないことのほうが多い。内心で「自分のほうができる」と上司をバカにしているので、「権威」が通用しないのだ。それでもその部下は結果を出すかもしれないが、そういう人間が一人いると、その部署全体で「上司の権威」が低下してしまう。

よくあるのは、**転勤や昇進で不慣れな土地や部署に配属された新任の上司が、すでにそこで長く経験を積んでいるベテランの部下（上司よりも年下でも、仕事においてはキャリアが長い）にバカにされる、というパターン**だろう。そこでの仕事のやり方は部下のほうが熟知しているから、上司は多少なりとも頼らざるを得ない。しかし何から何まで委《ゆだ》ねていたのでは、自分の存在意義がなくなってしまう。

こういう場合、上司がもっともやってはいけないのは、自分の優秀性を誇示《こじ》したいがために、部下の能力を否定することだ。部下に負けたくない気持ちはわからなくもないが、これをやると仕事に必要な情報が入ってこなくなるし、せっかくの優秀な部下が腐って働かなくなるので、結果的には業績が下がって「負ける」ことになる。

そもそも上司の仕事は、部下に「勝つ」ことではない。部下を「使う」ことだ。部下の能力を最大限に引き出すことでいい結果を出せばいいのであって、上司自身が部下より高い能力を持っている必要はない。だいたい、すべてのスキルに関して上司が部下よりも優れているなどということはあり得ないだろう。打者出身の監督が、投手よりもピッチングがうまいことなどあり得ないのと同じことだ。

私自身、小論文の通信添削《てんさく》の会社をやっているが、ある分野に関して自分よりも優秀な部下は大勢いる。高校・大学の文系の受験生の指導に関しては自分が一番うまいと自負してはいるものの、小学生や社会人の指導は、私よりうまい部下がいる。そういう分野については、「ここの添削はちょっと雑ですよ」などと私が部下に叱られることもある。しかし、それは少しも不思議なことではないだろう。結果的に会社全体がレベルアップすれば、それでいいのだ。

それに、上司と部下では、戦っている「土俵」が違う。上司は、部下よりも優秀だからその地位を与えられているわけではないのだ。だから、現場で求められるスキルが部下よりも低いからといって、気にすることはない。その優秀な部下に活躍する場を与える権限が自分にあり、部署全体の動きをアレンジメントする能力に関しては自分のほうが上だということさえ示せば、上司としての権威を保つことはできる。

部下をうまく使うのが仕事なのだから、**たとえ優秀な部下が腹の底で自分のことをバカに**

しているように見えても、「頼りにしている」ということを伝えて、気持ちよく働かせればいい。仕事がうまくいったら、「キミのおかげだ」と手柄を部下に与えるのも大事だ。もちろん優秀な部下の場合は、とくに叱るときはプライドを傷つけないよう配慮すべきなのはいうまでもない。人前では叱らず、きちんと根拠を示しながら論理的に話し合うべきだろう。

ただし、相手の能力を認めているからといって、卑屈な態度で媚《こ》びたりおもねたりするのは禁物だ。その姿をほかの部下も見ていることを忘れてはいけない。その優秀な人間を動かしているのは自分だということは、常に明らかにしておくべきだろう。

また、自分が「これに関してはどの部下にも勝てる」と思える得意分野の仕事が回ってきたときは、きっちり結果を出してみせることで「できる上司」だと思わせることも必要だ。ポーカーと同じで、絶対に勝てるカードが来たときは、格好良く勝ってみせることで、「強さ」をアピールしたほうがいい。

②体育会系バカは、理屈はこねずに「命令」する

しかし現実には、自分が「できる上司」であることをアピールするまでもなく、明らかに能力の劣った部下を預かって苦悩している人が大半だろう。一時の巨人のように、四番打者

ばかり揃っていて監督が起用法に悩むような組織は、滅多にない。むしろ球団創設一～二年目の楽天のように、「この戦力でどうやって勝てというのか」と監督をボヤかせるような会社のほうが多いはずだ。

でも、そういうチームを任されたリーダーは、ある意味でチャンスだ。その部署にバカが多いことは周囲も見ればわかるから、業績が上がらなくても上司の評価はそれほど下がらない。逆に、そこでいい結果を出せば大きな手柄だ。**みんなが「負けて当然」と思っているチームを勝たせる監督ほど目立つものはない。**ダメ集団を巧みに使いこなして結果を出すのが、上司の腕の見せ所だ。「バカとハサミは使いよう」という言葉もある。

野球の話が出たからいうわけではないが、一見あまり戦力にならないように見える部下のなかでも、使い方次第では相当なパワーを発揮してくれる可能性を秘めているのは、いわゆる「体育会系バカ」だろう。

もちろん、体育会系がみんなバカだといいたいわけではない。しかし、その世界に慣れていない知性派・頭脳派の上司にとっては、「どう使えばいいんだ」と溜息の出るようなタイプが多いこともたしかだ。前に、価値観の異なる相手とのコミュニケーションを可能にする唯一のツールは「論理的な説明」だと述べたが、体育会系にはそれが通用しない。さんざん言葉を尽くして説明しても耳を傾けようとしないで、最後に「で、要するに何をすればいいんですか」などと質問するのが体育会系バカの特徴だ。

しかし、ならば最初から理屈など口にしなければいい。彼らは、自分が理屈を理解しないことを棚に上げて、理屈を口にする人間を「女々しい奴だ」とか、「自信がないからツベコベ言い訳ばかりするんだろう」などと軽蔑《けいべつ》したりするから、一生懸命に論理的な話をするだけ損だ。彼らが待っているのは「説明」ではなく「命令」なのだから。

単刀直入《たんとうちょくにゅう》に「やるべき仕事」や「果たすべきノルマ」だけ伝えて、「おまえにしかできないから行ってこい！」とでも激励して送り出せばいいだろう。上司にそう命じられれば意気に感じ、キツいノルマでも頑張って達成しようとするのが体育会系のいいところだ。どんなに理不尽な目標だろうと、それに向けて「歯を食いしばって頑張っている自分」が好きなのだ。

いまはイチローや中田英寿《なかたひでとし》のように自分の言葉で喋れる「頭がいいスポーツマン」も登場しているので、体育会系の世界も昔とは変わっているのではないかと思う人もいるだろう。しかし、世界と対等に渡り合う超一流の選手たちは例外的な存在だ。プロ野球にしろＪリーグにしろ、インタビューを聞いていると、大半の選手たちが相変わらず「これからも頑張りますので応援よろしくお願いしまっす！」的なコメントを繰り返している。体育会系のメンタリティの根本は、何も変わっていないのだ。

したがって、体育会系バカを動かすには、昔ながらの精神論や根性論でかまわない。何の根拠もなく自信満々に振る舞い、何の根拠もなく「根性があればできる！」と命令すればいい。

③口先バカは、「逃げ道」を封じる

つまり体育会系バカは「アタマ」より「カラダ」が先に動くわけで、こういうタイプはシンプルなぶん、まだ扱いやすいといえるだろう。それよりも厄介《やっかい》なのは、「口先」ばかり達者で「行動」が伴わないタイプのバカだ。

先に挙げた「上司をバカにしている優秀な部下」は、実際に能力が高くて実績もあるので、それなりに敬意を払える部分もある。しかし「口先バカ」は、何の実績もないくせに自信満々だから、見ていて許し難い。他人が失敗でもすれば「オレだったらこうやって成功させた」などと結果論で大口を叩《たた》く一方で、自分の仕事についてはツベコベと屁理屈《へりくつ》を並べて「こんな仕事はやっていられない」とうそぶく。

そんな調子だから目につく成果は何も上げていないのだが、なぜか本人だけは「自分は仕事ができる」と思い込んでいる。周囲から見ると不思議でならないが、どうやらこういうタイプは、**「オレが本気を出せば何でもできる」と思っている**ようだ。にもかかわらず、自分を本気にさせるような環境が与えられていないから結果が出ない、というわけだ。

そういえば、私の母校である早稲田大学には、「本気を出せば東大に入れた」と思っている奴が大勢いた。かくいう私もその一人だったかもしれない。しかし、これはただの言い訳や慰めでしかない。本気を出せるかどうかも実力のうちだ。というより、そのとき出していたものが「本気」なのであって、それ以上の本気など、その人間には備わっていない。本気を出した結果が早稲田なのだ。

根拠のない自信を持つ「口先バカ」も、実はふだんから本気を出している。それなのに結果が出ないから、「これはオレの実力じゃない」と自分に思い込ませているだけだろう。要するに「本当の自分」から目を背けているわけだ。

自分の実力を直視したくないから、重要な仕事からはなるべく逃げようとする。まるで評論家のように、「そんな仕事には意味がない」「時期尚早《じきしょうそう》だから誰がやっても失敗する」などとネガティブな意見ばかり口にして、行動しようとしないのだ。

こういう人間は実に不愉快なので、誰でもその鼻っ柱をへし折りたくなるだろう。その自信がいかに根拠がないもので、本当は能力の低いダメな奴なのだということを、本人に思い知らせたくなる。

しかし頭がいい上司は、そんなことをしても業績アップにつながらないことを知っている。議論して「おまえは仕事ができない」という結論が出れば、たしかに気分はスッキリするだろう。だが、それで反省して謙虚に頑張るような人間なら、最初からそうしているはずだ。むしろ、プライドを傷つけられてやる気をなくし、ますます「使えない部下」になるのがオチだ。

こういう人間を使って成果を上げるには、本気で「行動」せざるを得ないような環境を与えて、逃げ道を封じるべきだろう。**「オレはできる」と根拠のない大言壮語《たいげんそうご》をしていてもあえて批判せず、むしろ「それは頼もしい」とおだててチャンスを与え、その大口にふさわしい結果を出すように求めるのだ。**

たとえば、似たような環境にいる別の部下がいい結果を出しているのと同じ仕事を与えれば、失敗しても弁解の余地はない。それが「できない理由」は、本人に「それだけの能力がないから」以外にない。

それで本人が結果を出せば、上司にとってはOKだ。自信家ぶりに拍車《はくしゃ》がかかるかもしれないが、それなら次にもっと難しい仕事を与えればいい。

もちろん、実際はいい結果など出ないだろう、しかし、その場合、もう大口は叩かなくなるに違いない。次に本人の身の丈に合った仕事を与えれば、ツベコベ言わずに「本気」を出すはずだ。それで実績を上げたら、「やればできるじゃないか」と評価してやればいい。

そうやって、本人が自分の実力を直視できるように仕向けていけば、やがて「使い勝手のいい部下」になっていくのではないだろうか。

④怠《なま》け者・だらしがない部下は、期限を区切って直させる

仕事の能力以前に、社会人としてまともな生活習慣が身についていない「問題児」を抱えている職場も多いだろう。時間を守れない、整理整頓ができない、敬語が使えない、服装や髪型などの身だしなみがだらしない、化粧が派手、香水がきつい、風呂に入らないので汚らしい……などなど、**「親の顔が見たい」「なんで人事はこんな奴を採用したんだ」と上司を嘆《なげ》かせるタイプの部下は、どこの職場にもいる**ものだ。

しかし、いまさら親の躾《しつけ》や人事の判断に文句をいっても始まらない。本人の私生活がどう

なろうと上司の知ったことではないが、その乱れた生活態度によって仕事に支障《ししょう》を来《きた》すようなら、教育によって矯正《きょうせい》するのも上司の役目だろう。

とはいえ、生活を共にして身の回りの世話を焼きながら「育て直し」をやっていられるほど、上司も暇ではない。相手も子供ではないのだから、基本的には「そのままではダメだ」といい続けて、本人が自分で直すのを待つ以外にないとは思う。

ただ、そういう悪い生活習慣は長年にわたって積み重ねられたものだから、そう簡単には直らないものだ。「遅刻をするな」「机の上を片づけろ」などと命じただけで改善するなら、苦労はしない。**本気で直させようと思うなら、期限を区切って改善を指示し、それを過ぎても直らないようなら何らかの罰を与えるべき**だろう。それぐらいの厳しさをもって臨《のぞ》まなければ、人間の生活態度というのは改まらない。

また、前に「部下は三回目までに叱れ」という話をしたが、この手の問題に関しては、三回目でも遅すぎるぐらいかもしれない。明らかに「社会人としてダメ」な振る舞いについては、見つけた瞬間にダメ出しをするべきだ。そういう習慣は、これまで周囲の人々が「見て見ぬフリ」をしてきたがゆえに、本人の生活に定着してしまったのだ。上司がそれを放置しておけば、本人は「会社でもこれが通用するんだな」と思ってしまうだろう。

だから、しばらく何もいわなかったのに、突然「それを直せ」と注意しても、「いままではOKだったじゃないですか」と聞く耳を持たなくなる怖れがある。もし、注意するタイミングを逸して時間が過ぎてしまった場合は、「なぜ今後は許さないのか」という口実を設けたほうがいい。たとえば「四月になって新人も入ってきたことだし」とか、「来月でわが社も創立三〇周年を迎えるので」といった「節目」をルール強化の口実に利用するのも有効だろう。「この機会にみんなで襟《えり》を正していこう」というわけだ。

難しいのは、人事異動で自分の部下になった人間の生活態度が、前の上司には許されていたというケースだろう。遅刻や欠勤などは誰が見ても「直すべき悪癖《あくへき》」だが、たとえば自分も整理整頓が苦手な上司は、部下に対しても寛容だったりする。

また、部署によってカルチャーが異なる会社もあるから、あちらでは許される服装がこちらでは許されないということもあるに違いない。しかし、異動してきた以上、新たな**職場では直属の上司が「ルールブック」だ**。はっきりと権威を示す意味でも、「前の部署では許されていましたよ」という理屈を認めてはいけない。

たとえば私の知っている編集者は、雑誌部から書籍部へ異動になった際、上司に「明日までにヒゲを剃《そ》ってこい」と命じられたという。しかも、その編集者が反論する前に、「雑誌部では生やしてもOKだったというロジックは認めないぞ。オレが上司でいるかぎり、ヒゲは許さない。イヤならこの部署から出て行ってもらう」と宣言した。実に立派な上司だ。観念した彼は、素直に翌日までにヒゲをきれいに剃り落としたという。

もちろん、こういうやり方が通用するかどうかは、相手のキャラクターにもよるだろう。とくに相手が女性の場合、化粧、香水、服装などに文句をつけるのは慎重にやったほうがいい。上司が自分のファッションを嫌っているのだと思われると、感情的な反発を招きかねないからだ。「今日は化粧のノリがいいね」などというと「セクハラだ」と批判するのに、本音では自分の見た目を褒めてもらいたいと思っているのが女心というものだろう。

だから**女性のファッションを注意する場合は**、「オレはいいと思うんだけど、取引先の部長が強い香水が苦手らしいんだ」とか、「この業界では控え目な化粧のほうがウケると思うよ」といった具合に、**外部の評判を利用するといい。本人の趣味嗜好《しこう》を否定するのではなく、あくまでも「仕事上の戦略」として変化を求めるのだ。**

⑤自信のない部下は、簡単な仕事で自信をつけさせる

何度も繰り返しているとおり、ダメな上司は部下の「やる気」を失わせる。しかし**世の中**

には、誰が上司であれ、最初から仕事に対する意欲の低い人間がいる。勤務態度はそれなりに真面目なのだが、与えられた仕事を無難にこなすだけで、それ以上はやろうとしない。怠けているわけではなく、「自信がない」のだ。

社会の経済全体が右肩上がりに成長していた時代は、みんなが旺盛《おうせい》な上昇志向を持って働くことができた。しかしバブル崩壊以降の日本は、誰にでも豊かな未来が約束されているわけではない。格差も開いており、いわゆる「勝ち組」になれるのはほんの一握りの人たちだけだと思われている。

そのため、最初から出世や成功を諦めてしまい、「どうせオレなんか頑張っても無駄だ」と覇気《はき》のない態度で働いている人が増えたのだろう。

これは、若い世代にかぎったことではない。私は、管理職登用《とうよう》試験を受ける社員のための企業研修を引き受けることもあるのだが、工場のような職場に行くと、三〇代や四〇代の社員に自信のない人が多いことに驚かされる。**頑張って勉強すれば出世の道は用意されているにもかかわらず、「どうせ自分には無理だ」と思い込んでいる。**

機械化やコンピュータ化が進んだいまの工場では、ブルーカラーが「熟練の技」を発揮できる場面が昔よりも減っている。仕事の大半は、機械の管理だ。「これはオレにしかできない」とプライドを持って取り組めるような仕事はどんどん減ってきて、そういう状況では「これがうまくいったのは彼のおかげだ」といってもらえるような「手柄」も立てにくい。その反面、機械がうまく稼働《かどう》せず歩留《ぶど》まりが悪くなったりすれば、管理していた者の責任が問われてしまう。

つまり、積極的に何かを習得して上手くなろうとするよりも、マニュアルをきちんと遵守《じゅんしゅ》することで、失敗を極力しないことを心がける人が増えているのだ。仕事に対するそういう姿勢が求められているともいえる。

そして、これは工場だけの話ではない。いまはどこの職場でも、コンピュータの導入によって、マニュアル化された作業が増えている。世の中全体が、仕事に対する自負心や自信を持ちにくい状況になっているわけだ。そういう部下にいかに自信を植えつけ、高いモチベーションを持ってもらうかというのは、上司にとって重大なテーマだ。

その場合、上司のほうが「コイツは使えない」と思ってしまったらおしまいなので、まずはその部下のいいところを探す必要がある。そして、その部下の得意とする仕事を見つける。

少々仕事ができないときには、その部下の能力でこなせる仕事を探して与える。

人間が自信を持つには、何らかの形で「達成感」を味わうことが必要になる。だから一番いいのは、**ちょっと難しそうに見えるが、実はその部下の能力で十分にこなせるような仕事で結果を出させて、褒めてやる**ことだろう。

また、たとえば恋人ができたとたんに仕事の意欲が高まることがあるように、人間はあるところで得た自信が別のところにも波及するものだ。勉強でも、国語の試験で達成感を味わったおかげで、数学でも成績を伸ばせるような気分になることがある。

したがって、自信は必ずしも仕事を通して持たせなくてもいいだろう。たとえば飲みに誘って、部下が得意にしている趣味の世界のことを、好きなだけ喋らせてやるのもいい。「そんなことも知っているのか」と感心してやれば、上司の前で「一人の人間としての自信」を持てるに違いない。その自信は、わりと簡単に「職場での自信」につながるものだ。

これは、仕事で煮詰まってうつっぽくなってしまった部下にも有効だろう。うつ状態の人間は、何でもかんでも自分が悪いと思い込み、ネガティブなことしか考えられなくなっている。しかし、どんな人間にも取り柄はあるし、自慢できることのひとつや二つはあるはずだ。喋ることでそれを思い出させれば、多少なりともポジティブな気持ちになれるだろう。

いずれにしろ、**上司は仕事に全人格を投入してはいけないが、部下のことはその全人格を受け止めながらコントロールしなければいけないのだ。**

9、【「女性の部下」に対する話し方】

女性はあまりロジカルではない

文章の指導をしていると、「やはり男と女では、発想や物の考え方が根本的に違うのかな」と思わされることがしばしばある。女性の書くものを読んでいると、どうも論理構造が男性とは異なるようなのだ。

以前、ある雑誌の企画で年配女性を対象にした文章教室をやったときも、実に不思議な文章が多かった。そこで多くの書き手に共通していたのは、「いつ」「どこで」「誰が」という全体の枠組みがはっきりせず、何の説明もなしに、さまざまな情景が唐突《とうとつ》に描写されるという点だ。カギカッコがないので会話と地の文の区別がつかず、主語もないので、それが誰の胸のうちなのかもよくわからない文章がいくつもあった。とにかく輪郭《りんかく》が曖昧なのだ。

もちろん男性にも文章の下手な人はいくらでもいるが、ああいう曖昧さはあまり見かけない。むしろ、**外枠《そとわく》だけ説明して中身が何もない、というのが男性のパターンだ。女性のほうは、中身だけが未整理のまま放り出されている**ような印象を受けることが多い。

これは文章にかぎった話ではないだろう。たとえば奥さんと話をしていて、「さっきまでの話と、いま始まった話と、一体どういう脈絡《みゃくらく》があるんだ?」と怪訝《けげん》な思いにとらわれた経験のある男性は多いと思う。女性の頭のなかでは何らかのつながりがあるのだろうが、それを説明して話の外枠を整えるという手続きをすっ飛ばすことが多いので、聞いている男性は「この女は、なぜいきなりこの話をしているのだろう」と混乱する。

こんな話をしているのは、もちろん、**同じ部下でも男と女ではロジックが違うので、上司も対応を変えなければいけない**、ということがいいたいからだ(といった説明が女性の話には欠落していることが多いのだが)。ロジックが不可解だからといって、女性のいっていることに意味がないわけではない。

年配女性の作文も、脈絡はわかりにくいがよく読んでみると、豊かな人生体験を感受性にあふれた文体で書いているものがいくつもあった。女性の部下からの提案なども、「意味がわからん」と簡単に切り捨てず、よく吟味してみるべきだろう。

ただし注意しなければいけないのは、「男と女は違う」ということを認識して対応しながらも、相手には「男と違う扱いをしている」と悟られてはいけないということだ。

とくに総合職の女性は「男と対等に働く自分」に価値を見出し、男と同等に扱われることでやる気を出すところがある。上司が「あなたは女性だから」という態度を見せると、一人前の戦力として認められていないような気持ちになって、やる気をなくすことが多い。

女性の叱り方

しかし、そうはいっても女性を男性と同じように扱うわけにはいかない。とりわけ「叱り方」には配慮が必要だ。

若い世代に打たれ弱い人間が増えているのは男も女も同じだが、その程度はやはり女性のほうが甚《はなは》だしい。男の場合、それこそ体育会系の人間などは、「おまえはダメだダメだ」とけなし続けることで育つこともあるだろう。しかし女性の場合、よほど子供の頃から苦労しているような人間でもないかぎり、それをバネにして育つことはないと思ったほうがいい。

したがって女性の部下を叱るときは、男性のとき以上にフォローが必要だ。そのために活用してほしいのが、前に樋口式「四部構成」のところで説明した、「たしかに……しかし……」という論法だ。これを使って、「あなたにはダメなところもあるが、いいところもある」というメッセージを伝えるわけだ。

ちなみにこの論法は、前段と後段の順番を入れ替えるだけで、ずいぶんニュアンスが変わってくる。次の例文を比較してもらいたい。

(1)「たしかに、あなたはミスをした。しかし、実力はあるはずだ」
(2)「たしかに、あなたには実力がある。しかし、今回はミスをした」

どうだろうか。どちらも同じことをいっているにもかかわらず、(1)よりも(2)のほうが、相手のミスを厳しく叱っているように聞こえるはずだ。この二つの基本パターンを状況によって使い分けるのが、頭がいい上司の叱り方だ。

相手が女性の場合は、原則として(1)のパターンのほうがいいだろう。**先にダメな点を指摘しておいて、後から「力があるのはわかっているから期待しているぞ」ということを伝えたほうが、相手が受ける精神的ダメージは少ない。**「上司は私を買ってくれているからこそ叱ったんだな」と思えるので、「本来の実力さえ発揮《はっき》すれば大丈夫だ」と気持ちを立て直すことができるのだ。

逆に(2)のパターンだと、相手は「期待してくれていたのにガッカリさせてしまった」と思い、「今後はこれまでの実力以上のものを見せなければ」と強いプレッシャーを感じる。そのぶん、気持ちを立て直すのに時間がかかるから、物事をクヨクヨと引きずるタイプの女性には、あまり使わないほうがいいだろう。

かなり深刻《しんこく》なミスを犯して、本当に深く反省させなければいけないと判断したときだけ、「あなたはもっとできる人だと思っていた。でも今回のミスはあまりにもひどすぎる」と叱責すべきだと思う。

一般職の女性、派遣社員に対する話し方

さて、ここまでは基本的に総合職の女性を念頭に置いて話をしてきたが、職場にはそれと少し異なる対応が求められる女性もいる。いわゆる一般職の女性たちだ。

こちらは、ふつうの意味での「部下」とは少し違う存在だ。上司が命令して動かすゲームの「駒」というよりは、そのゲームが円滑《えんかつ》に進むようにサポートするアシスタントのような

役割だといっていいだろう。

したがって、けっして敵に回してはいけない。彼女たちが非協力的な態度を取るようになると、仕事はとたんに滞《とどこお》ってしまう。繁忙期《はんぼうき》に残業をお願いしても、さっさと定時に帰ってしまうだろう。

一般職の女性たちの地味な仕事があってこそ、すべての仕事が回っていることを心すべきだ。彼女たちの仕事を「誰にでもできる簡単な仕事」と思ってはならない。一日だけでも彼女たちの仕事をしてみれば、それがいかに重要か、いかに大変か身にしみて理解できるだろう。

しかも彼女たちは社内の噂《うわさ》話の震源地《しんげんち》みたいなものだから、ひとたび嫌われたら、どんな悪い評判を立てられるかわかったものではない。逆に、味方にすれば、これほど頼もしい存在もないだろう。役員同士の対立や人事の噂など、社内の人間関係についても詳しいから、いざというときは貴重な情報源になってくれるはずだ。いずれにしろ、**常に自分の味方につけておかなければならないのが、一般職の女性なのだ。**

そんな彼女たちに、自分の仕事を気持ちよくサポートしてもらうためには、日頃から「あなたを頼りにしています」「君たちがいなければ仕事が成り立ちません」という姿勢を見せておくのが有効だ。

だから、まずは「いつもありがとう」「助かるよ」といった感謝の言葉をマメにかけるのが基本中の基本だ。言葉だけではなく、たまには感謝の気持ちを「形」にして与えることも必要だろう。たとえば**出張に行ったら、たとえ家族への土産《みやげ》を忘れたとしても、彼女たちへの土産を忘れてはいけない**。それも、甘いお菓子などがもっとも評判がいいようだ。出張のときだけでなく、ふだんの外回りのときでも、「ちょっと美味しそうだったから」などといいながら流行《はや》りのスイーツでも買って帰れば、得点アップは必至だろう。

また、**「頼りにしている」ということを行動で示すには、素直に「教えを乞《こ》う」のが得策だ**。一般職の仕事はけっして「誰にでもできる簡単なもの」ではない。総合職の人間が知らないプロフェッショナルなノウハウというものがある。

たとえばコピーひとつ取るにしても、いまの機械はさまざまな機能があるから、不慣れな人間はまごついてしまう。会議用の資料を何十部も段取りよく揃えるとなれば、相当な知識と経験が必要だろう。それを、「これどうやるんだっけ?」などと質問して教えてもらうわけだ。教えを乞われて、悪い気がする人間はいない。相手が自分より上の立場の人間となれば、なおさらだ。

そうやって、自分が頼りにされていることを実感すれば、「この人のためなら、ちょっとぐらいの無理は聞いてあげよう」という気にもなるだろう。要は、「偉そうにしていても、私たちがいなきゃ何もできないんだから」と思ってもらうことが大事だ。

ところで、いまは一般職の女性正社員だけでなく、**「派遣社員」との接し方も**、上司にとっては難しいさじ加減が求められていると思う。一応は指揮命令系統のなかに入っているとはいえ、給料は派遣会社から支払われているから、ふつうの意味で「部下」と呼べるのかどうか微妙なところだ。

しかし**基本的な接し方は、一般職の女性と同じ**だと考えていいだろう。心から感謝をし、その気持ちを示し、頼りにしている姿勢を見せれば、良好な人間関係が築けるはずだ。ただし、たまには無理な残業も頼める一般職の女性と違って、こちらは所定の派遣業務以上のことを絶対に要求してはいけない。

とはいえ、あからさまに「立場の違い」を感じさせてもいけないから、一般職の女性以上に、「私はあなたたちの味方だ」ということを日頃からアピールしておくべきではないだろうか。

10、【年上の部下に対する話し方】

年上の部下との話し方

年功序列システムが崩壊したことで、いまや「年上の部下」を持つ上司が珍しくなくなった。昔から、たとえば役所で若いキャリア官僚がベテランのノンキャリアを部下にするようなケースはあったが、その場合は最初から歩いているコースが違うから、それほどギクシャクしたことにはならない。

ところがいまは、「かつての先輩」を途中で追い抜いて、その上司になってしまうことがある。日本的な雇用慣行《かんこう》が崩れつつあるとはいえ、長幼《ちょうよう》の序《じょ》を重んじる日本的な精神風土まで雲散霧消《うんさんむしょう》したわけではないから、これはお互いに相当なストレスになるだろう。部下になったほうが屈辱《くつじょく》を感じるのはもちろん、上司になったほうもけっして優越感に浸ってなどいられない。どう接したらいいか悩む人が多いはずだ。

もちろん、仕事は全人格を投入してやるものではないから、会社ではお互いに、「ゲームで与えられた役割」をまっとうすればよいだけの話だ。上司は部下を使い、部下は上司に使われる。コミュニケーションも、「論理」を軸に据《す》えて行なえば問題はないだろう。

しかし現実問題として非常に困ることがある。「呼び方」だ。以前は先輩が後輩を「君付け」で呼び、後輩は先輩を「さん付け」で呼んでいたわけだが、それを続けるわけにはいかない。

いくら先輩とはいえ部下に「樋口君」などと呼ばれたら、かなり温厚な私ですらカチンとくる。上司としての権威が揺らぐからだ。もちろん部下のほうも、いくら上司とはいえ後輩に「君付け」で呼ばれたらますます屈辱感が募るに違いない。

もっとも、上司になったとたんに先輩を「君付け」で呼ぶ人はまずいないだろう。こちらは従来どおり「さん付け」でかまわない。年下の部下を「さん付け」で呼ぶ上司もそう珍しくないから、さほど周囲も違和感を覚えないはずだ。

問題は年上の部下が年下の上司をどう呼ぶかだが、これはやはり「さん付け」に変えても

らうのが無難だろう。できることなら先輩のほうから「今日から〇〇さんと呼ばせてもらうよ」とでも申し出てほしいものだが、そこまで人間のできた先輩は少ないだろうから、後輩のほうからお願いするしかない。**正直に、「あくまでも職務上のこととして、さん付けにしてもらえませんか。社外では昔どおりでかまいませんから」と持ちかけるのだ。**

それぐらい腹を割って話せなければ、その後の人間関係もうまくはいかないだろう。お互いにいくらかギクシャクした気分にはなるだろうが、それはこういう時代になった以上、しようがない。

そのうちまた立場が逆転して、年功どおりの上下関係に戻るかもしれないのだ。一時的な便宜上《べんぎじょう》の呼び方だと思って受け入れるしかない。

「さん付け運動」は、もはやその役目を終えた

ただ私としては、こういう時代になったからには、企業社会全体の問題として、社内での呼び方を考え直すべきではないかとも思っている。つまり、「さん付け」をやめたほうがいいのではないかと思うのだ。

昔の会社では、部下が上司を「〇〇部長」「××課長」などと役職名をつけて呼んでいた。

それが「さん付け」に変わったのは、上司の権威を少し緩和《かんわ》して、部下が意見をいいやすくするためだ。いちいち「部長」「課長」と呼んでいたのでは、立場の違いを気にしすぎて、いうべきこともいえなくなってしまう。もっとフランクな関係性にしたほうが活発な意見交換ができるはずだ……というような理屈で、多くの会社が「さん付け運動」を始めた。

たしかに、それには一定の効果があっただろう。しかし私は、もう「さん付け運動」は役目を終えたのではないかと感じている。なぜなら、いまや上司の「権威」は、呼び方を変えて緩和しなければならないほど強いものではなくなっているからだ。**いまどき、いいたいことがいえなくなるほど、立場が上の人間に遠慮する人間はほとんどいない。**むしろ、上司が努力して自らの「権威」を守らなければいけないような時代だ。だからこそ私も本書で、そのためのノウハウを説いている。

それに、これも本書で何度も繰り返してきたことだが、いまの会社は全人格を投入する場所ではなく、そこで与えられたゲームの役割をきちんと果たすことが求められる場所だ。ところが「さん付け」には、「同じ人間同士として対等にやろうじゃないか」と、上司と部下が全人格をさらけ出してつき合うような印象がある。

いまの若い世代にとっては、そちらのほうが居心地が悪いのではないだろうか。**会社とい**

う「タコ壺」のなかでは、上司は上司、部下は部下という役割を明確にしたほうが、ゲームのルールがわかりやすくなるはずだ。

そういう意味で、「さん付け運動」は時代の流れに逆行するものだと思う。上司を役職名で呼ぶのを「古い」と感じる人のほうが、実は考え方が古い。会社が「ロールプレイング」の場である以上、むしろ「○○部長」「××課長」と呼んだほうが、上司も部下もその役割のなかでいうべきことをいいやすくなる。

それに、人のことを肩書きや住んでいる土地の地名で呼ぶのは、昔から日本人が馴染《なじ》んできた伝統的な文化でもある。

たとえば親戚のことを「札幌のおじさん」「福岡のおばさん」などと呼ぶのは当たり前だし、東京の息子や娘に電話したときに「もしもし、お父さんだけど」ではなく「もしもし、仙台だけど」などと地名で名乗る親も少なくない。『源氏物語《げんじものがたり》』でも、登場人物はほとんどが役職名で呼ばれている。上司を「部長」「課長」と呼ぶのは、そもそも日本人に馴染みやすい習慣だったのだ。

しかも現在は多くの上司が、年上の部下を持たされて、呼ばせ方で悩んでいる。これは「さん付け」だから悩むのであって、昔の呼び方に戻せば何の問題もない。**先輩だろうが後**

輩だろうが、部長は「部長」、課長は「課長」と呼べばいいのだ。

とはいえ、会社が「さん付け運動」をしているなかで、自分の部署だけ役職名で呼ぶわけにもいかないだろう。年齢と立場の逆転現象が頻繁に起きている会社では、組織全体として「さん付け運動」の撤廃《てっぱい》に取り組んでいただきたいと思うのだが、どうだろうか。

Part 2

頭が悪い上司の共通点

——あなたは、こんな話し方をしていませんか

1、【偉く見せたい、カラ威張り上司】

部下は上司の力量を見抜いている

本書の冒頭で、上司には「いい上司」と「部下のやる気を奪う上司」の二種類しかいないと述べた。そこで前章では、部下のやる気を引き出す「頭がいい話し方」について考えてきたわけだが、続くこの章では、部下のやる気を奪う「頭が悪い上司」の生態を、より具体的に見ていこうと思う。無論、読者諸氏の反面教師にしてもらうためだ。

ここで紹介するのは、どれも人の上に立った者がつい陥《おちい》りがちなパターンだ。そのうちのいくつかは、誰でも「オレのことかも……」と思い当たるフシがあるだろう。もし、**ひととおり読んだあとで「オレに当てはまるものはひとつもなかった」と胸を張っていえる人がい**

たとしたら、少なくとも私は、その人の部下にはなりたくない。自分という人間を客観視できていない証拠だからだ。まずはおのれの言動を厳しく見つめる姿勢を持たなければ、自分自身を「いい上司」に育てることはできないだろう。

そもそも、上司になった人間は、常に部下から厳しい目でチェックを受けていることを忘れてはいけない。上司と部下の関係は、学校の教師と生徒の関係によく似ている。教師は自分が生徒に点数をつける立場にいることだけを意識しがちだが、実は生徒のほうも教師の品定めをしているものだ。部下も同じだ。彼らが上司を評価するときの基準は、上司が部下を査定するときよりも厳しいと思ったほうがいい。

そして、生徒がたちどころに教師の実力を見抜いてしまうのと同じように、部下も上司のダメなところをすぐに察知する。だからこそ上司のほうも、自分自身の能力や行動を厳しくチェックして「おのれを知る」ことを心がける必要がある。

ところが多くの上司が、虚心坦懐《きょしんたんかい》に自分と向き合うことを怠り、部下の前で実力以上に自分を大きく見せようとする。相手がとっくにこちらの力量を見抜き、内心で「王様は裸だ」とバカにしているにもかかわらず、あたかも立派な衣裳《いしょう》に身を包んでいるような態度で、偉そうに振る舞う。それが、ここで「ダメ上司」の典型例として最初に取り上げる「カラ威張り上司」だ。

威張れば威張るほどバカにされる「悪循環」

必要以上に威張り散らして自分を偉く見せようとする上司は、どうやら部下たちが自分のことをナメているらしいということは、うすうす感じている。しかし自分を客観視し、「おのれを知る」ことはしていないから、その原因が自分の能力不足にあるとは思っていない。部下のほうが、身の程もわきまえずに偉そうにしていると思っている。だからこそ、リーダーとしての「権威」を部下に思い知らせてやらなければいけないと考え、ことさらに威張った態度を取る。

実際には、「身の程もわきまえずに偉そうにしている」のは上司のほうなのだが、しかし部下を動かすには権威が必要だと考えている点において、この上司はけっして間違っていない。上司は、部下に「偉い人だ」と思われるべきだ。

だが、「偉いと思わせる」と「偉そうにする」は根本的に異なる。それがわかっていないという点で、この上司は決定的に間違っている。ごく当たり前のことだが、**実力や人柄に優《すぐ》れた上司が部下に「偉いと思わせる」ことができるのであって、「偉そうにする」ことで部**

下が上司の実力を認めるわけではない。部下が上司をナメるのは、上司の権威を認めていないからではなく、その上司に権威を感じるほどの能力がないからだ。

そして、偉いと思えない上司がカラ威張りをして実体《じったい》のない権威を振り回せば、部下はますますその上司をバカにするようになる。上司のほうは、ますます部下が尊大《そんだい》な態度を取っていると感じて、さらにカラ威張りをエスカレートさせるだろう。威張れば威張るほど部下は鼻白んでいくわけで、まさに「悪循環」だ。

つい部下の前で偉そうな態度を取ってしまう傾向のある人は、この悪循環を断たなければいけない。そのためには、まず自分が部下に偉いと思われるほどの上司ではないことを素直に認めることだ。

プライドが傷つくので簡単には認めたくないだろうとは思うが、前述したとおり、上司がすべてにおいて部下より優秀だということはあり得ない。それを謙虚に認め、部下の優れた点を賞賛する態度を見せたほうが、かえって部下に「立派な人だ」と思われるのではないだろうか。

フランス語の授業で利用した、三人の帰国子女

それに、上司をバカにできるぐらい能力のある部下がいるというのは、考えようによっては実にラッキーなことだ。強力な「駒」を使ってゲームを進められるのだから、むしろありがたいと思ったほうがいいだろう。上司と部下は仕事というゲームにおける役割がまったく違うのだから、同じ土俵で勝負する必要はない。

私も以前、大学でフランス語を教えていたとき、学生のなかにフランスからの帰国子女が三人もいることがわかって、ちょっと冷や汗をかいたことがある。読み書きなら負けない自信があったが、会話となると帰国子女にはかなわないからだ。彼らに教えることはないし、下手に授業で間違ったことをいえば、教師としての権威が保てない。学生にナメられたら、授業は成り立たない。

しかし、だからといって教師の立場を振りかざし、「オレのいうことを聞け」と威張ることで彼らを黙らせようとすれば、ますます相手にされなくなるだろう。

そこで私は無理して彼らと勝負することをやめ、その語学力を「利用」することにした。なにしろ本場のフランス語会話を身につけているのだから、これほど授業で役立つ「教材」はない。

そう考えた私は、授業では折に触れて「フランスではこういうとき、どう表現するんだ？」などと質問し、素直に彼らの力を借りたのだ。そうやって、こちらが「身の程」をわきまえていれば、相手もバカにしようとは思わないものだ。

もちろん私の場合は、たとえばフランス語の新聞の読み方など、自分が得意な読み書きの面では一日《いちじつ》の長《ちょう》があることを見せつけるようにもしていた。やはり、どこかで「できる人間」だと思わせなければ、人の上に立ってものをいうことはできない。

しかし、部下にナメられるような上司でも、たとえば社内の事情に通じているとか、業界の歴史に詳しいとか、何かひとつぐらい部下を唸《うな》らせられるスキルはあるだろう。**カラ威張りはやめて、自分が本当に威張れる分野は何かをしっかりと見極め、それを大事にしたほうがいい**と思う。

2、【面子《めんつ》に異常にこだわる上司】

「オレは聞いてない」が、肩書きフェチの口癖？

上司にとっての「成功」とは、部下を使ってその部署全体の業績を上げることにほかならない。しかし、その地位で「何をするか」ではなく、自分がその地位に立っていること自体に大きな意味を見出す上司が多いのも事実だ。

「上司という立場」は、本来は目的を達成するための手段のはずだが、それが目的化してしまうのだ。その場合、上司らしく振る舞い、周囲からも上司らしく扱われることが、その人にとっての「成功」ということになる。

先ほど挙げた「カラ威張り上司」のなかにも、そういうタイプはいるだろう。部下を動かすための方便として「権威」が必要だと考えているならまだしも、単に自分の求める「上司らしさ」を実現するために「権威」を見せようとしているなら、それは完全無欠の自己満足にすぎない。

あるいは、上司という地位や肩書きに対するフェティシズムといってもいいいと思う。**業務上の目的はどうでもよくて、ひたすら「上司である自分」が好きなのだ。**

そういう「肩書きフェチ」がしばしば陥るのが、「面子にこだわる態度」だ。自分の地位や肩書きにふさわしい扱いをされなかったとき、彼らは「顔に泥《どろ》を塗《ぬ》られた」「オレの顔を潰《つぶ》す気か」などといって猛烈に腹を立てる。

そういう上司が口にする台詞《せりふ》のなかでも典型的なのは、「オレは聞いてない」というものだろう。面子にこだわる人間は、部下が自分に何の相談も連絡もなしに事を進めることを極端にイヤがる。すべてを掌握《しょうあく》していないと気が済まない。

そのため、仮に相談を受けていても同じ結論になったような事柄でも、自分が「聞いていなかった」というだけの理由で「ノー」を突きつけたりする。仕事は「結果がすべて」というところがあるから、プロセスはどうでもよさそうなものだが、そういう上司にとっては、そこにいたるまでの「手続き」が何よりも重要なのだ。

だからといって、部下が気を遣って何でもかんでも事前に相談すると、場合によっては「そんなくだらないことをオレに聞くな！　少しは自分で判断しろ！」と怒ったりするから、実に厄介だ。

ちょっと考えれば誰でもわかるような矮小《わいしょう》な相談事は、「オレ様の地位」にふさわしくない、ということだろう。

前例踏襲《とうしゅう》主義も、「面子を重んじる文化」から生じる

こういうタイプは、会議や会合などの席に「呼ぶ・呼ばない」の判断も難しい。面子を重んじるので、基本的には呼ばないと怒るのだが、逆に「オレは忙しいんだから、こんなところにいちいち呼ぶな！」と腹を立てることもある。まことに面倒な存在だ。

しかし日本の場合、そういう個人が多いだけでなく、組織全体に「面子を重んじる文化」がはびこっているところも少なくない。その典型がお役所だ。

日本の役所がいわゆる「前例踏襲主義」に陥りやすいのは、新しいことを試みて失敗するのを怖れる「事なかれ主義」による部分もあるが、「このやり方を変えると、それを始めた前任者の面子を潰すことになる」という心理も働いている。おそらく、自分が面子を潰され

たくないから、他人の面子もなるべく潰さないように心がけるのだろう。

その結果、歴代の責任者の面子だけが守られて、組織そのものは時代の変化に対応するだけの俊敏さや活力を失っていく。

民間企業も例外ではない。偉大な経営者が築いた大企業ほど、その面子を守ることが目的化しやすいといえるだろう。「あの人が作ったシステムを変えたら、うちは別の会社になってしまう」という発想になりがちなのだ。

たとえば、かつての松下《まつした》電器がそうだった。すでに時代遅れになっていたにもかかわらず、故・松下幸之助《こうのすけ》氏が築いた事業部制度が「聖域」のような存在になってしまい、誰もそれに手をつけようとしなかったのだ。

結局は「破壊と創造」を掲げた中村《なかむら》社長（当時）による改革が実施され、ようやく「面子のための前例踏襲」に終止符が打たれたわけだが、松下氏の死後もしばらくは会社を縛《しば》っていた「創業者の面子」には、相当な威力があったといえるだろう。

ともあれ、会社の仕事は組織全体の利益のためにやっているのだから、個人の面子を優先する行動や発想は、本末転倒というものだ。したがって、**「オレは聞いてない」的な苛立《いらだ》ちを感じることが多い人は、まずは「会社はオレの面子のために存在するわけじゃない」とい**

うことを自分にいい聞かせてもらいたい。

その上で、相談や連絡をしなかったという「プロセス」ではなく、その仕事の「結果」に注目する。たとえ手続きの上で気に入らない点があったとしても、それで仕事がうまくいっているなら、それは上司の得点にもなるのだから、そんなに目くじらを立てることはないだろう。「オレは聞いてなかったけど、結果オーライだな」と苦笑しながら受け止めるぐらいの気持ちの余裕を持ちたいものだ。

そして、結果が悪かったときだけは、部下に文句をつける。それも、単に「なぜオレに相談しなかった」と責めるのではなく、「オレが事前に聞いていたら、こういう指示を出した。だからもっといい結果になったはずだ」というロジックを（なるべく結果論に聞こえないような形で）組み立てて、冷静に諭すべきだ。

「上司の面子を潰したこと」が悪いのではなく、あくまでも「いい結果を出せなかったこと」を問題視し、その責任を問うのが望ましい。

3、【感情でものをいう上司】

八つ当たりは、相手に対する「甘え」である

人間、誰しも感情の起伏《きふく》はある。それが人間の人間らしいところだ。喜怒哀楽を表に出さず、いつも無表情な人間なんて、つき合っていてもあまり面白くない。逆に、感情の豊かな人間は、たいがい周囲の人々に好かれるものだ。

だが、職場は自分の「人間らしさ」を表現する場ではない。再三にわたって述べているとおり、全人格をさらけ出す場でもなければ、仲間に好かれるために行くところでもない。仕事を通じて利益を追求する場所だ。

したがって、「面白い魅力的な人間」であることに大した価値はなく、「感情の豊かさ」が

むしろ弱点になることのほうが多い。とくに部下を動かす管理職はそうだ。その時々の感情に振り回されて行動する上司は、部下のことも振り回すことになってしまう。

もちろん、感情は人間の思考力や判断力にも大きな影響を及ぼすから、仕事でもいい結果は出ない。**機嫌のいいときは必要以上にポジティブに、機嫌の悪いときは必要以上にネガティブに考えてしまい、客観的な状況判断ができなくなってしまう。**

しかし現実には、そのときの機嫌によって行動が左右される上司が少なくない。部下が同じことをしても、機嫌のいいときと悪いときとでは対応がまったく違うのだ。いつもは目くじらを立てられない程度のちょっとしたミスを、自分の機嫌が悪いからといって思い切り罵倒されたのでは、部下はたまらない。全国のサラリーマンに「職場でやる気をなくす瞬間」というテーマでアンケート調査をすれば、確実にベスト3に入るだろう。

部下が仕事でミスをしたせいで不機嫌になり、ほかの部下に対しても物言いがきつくなった……というケースなら、多少は同情の余地もある。連帯責任を感じて職場全体の緊張感が高まることもあるだろうから、場合によっては、戦略的に「わざと不機嫌に振る舞う」という選択肢もないわけではないだろう。

一番いけないのは、「前の晩に夫婦ゲンカをした」「息子の成績が下がった」「巨人がまた負けた」など、私生活で生じた不機嫌を職場に持ち込むことだ。要するに「八つ当たり」だ。職場での不満や怒りを家族にぶつけるのは許されるが（それも程度問題だが）、その逆は許されない。八つ当たりというのは、相手に対する「甘え」だからだ。「オレは会社の外でひどい目に遭って頭に来てるんだよ、わかってくれよ」と部下に甘えるような上司が、職場で信頼を得られるわけがないのだ。

ポルノで機嫌を切り換える

だから上司は、自分の「機嫌」をコントロールする術《すべ》を持たなければいけない。不機嫌になること自体は避けられないが、それを切り換えることはできるだろう。

私の場合、サラリーマンではないのであまり参考にはならないかもしれないが、たとえば家庭でイヤなことがあったときなどは、**「不機嫌な状態でもできる仕事」を先にやる**ことがある。いくつか原稿を書く仕事を抱えているとき、ふつうなら締め切りの早いものから手を着けるのだが、それがあまり気乗りのしないテーマだったりすると、機嫌の悪さに拍車がかかってしまう。当然、能率も上がらない。そこで、急ぐ仕事ではないが書きやすくて気分が高揚するような原稿に取り組み、機嫌が直るのを待つわけだ。

サラリーマンも、似たようなことができないわけはないだろう。不機嫌なまま会議に出て部下の顔を見れば、つい八つ当たりしてしまう怖れがある。ならば、その前に外回りでもするといいかもしれない。部下には甘えてしまう人でも、さすがに社外の得意先を前にすれば「営業スマイル」を思い出せるはずだ。

また、**本や映画のビデオ、音楽など、それを見たり聴いたりすれば「必ず機嫌がよくなるモノ」を何かひとつ用意しておく**という手もある。恥ずかしながら告白すれば、私はかなり若い頃、気分の立て直しにポルノを使っていた。

たいがいの男性には同意してもらえると思うが、雑誌であれビデオであれ、ポルノを一〇分か二〇分ぐらい鑑賞すれば、それまでのイヤな気分は消えてなくなるものだ。そんなモノを見て喜んでいる自分に気づくと、さっきまで不機嫌だったのがバカバカしくなるという面もある。そういう意味では、かつて日本経済新聞に連載されていた渡辺淳一《わたなべじゅんいち》の『失楽園《しつらくえん》』や『愛《あい》の流刑地《るけいち》』といった性愛小説は、出勤前のサラリーマンを大いに助けていたのかもしれない。通勤電車のなかで濃厚な不倫小説を読めば、前夜の夫婦ゲンカのことも忘れられるというものだ。

もちろん私は、「ご機嫌立て直しアイテム」はポルノが最高！　といいたいわけではなく、人それぞれ自分に向いたものを選べばいいと思う。子供が小さい頃の写真を見れば気持ちが和《なご》むという人は、携帯の待ち受け画面にでも、それを入れておけばいい。とにかく、ムシャクシャした気分を抱えたまま出社しないことが大事だ。

ただ、逆に機嫌がよいときはそのまま出社すればいいかというと、そうともいえない。上機嫌のせいで、ふだんより部下に優しい態度を取ったりすると、結局は「自分の感情に左右される上司」という印象を与えることになる。いい気分だろうと悪い気分だろうと、基本的には私生活の感情を職場に持ち込むべきではない。したがって、たとえ家庭でハッピーなことがあって機嫌のいいときでも、部下の前ではポーカーフェイスを貫くことを日頃から心がけていたほうがいいだろう。

さらにいえば、**職場での出来事にも、いちいち一喜一憂しないことが大事だ**。野球やサッカーでは、チームが得点すると飛び跳ねて喜び、失点するとベンチを蹴《け》飛ばして怒りを露《あら》わにする監督が多いが、あれはファンが見ているぶんには楽しいものの、選手たちの信頼は得られない。部下は、上司が常に冷静に現場を見ていると安心するものなのだ。またまた引き合いに出してしまうが、中日の落合監督のように、仕事の現場ではほとんど喜怒哀楽を顔に出さないのが、リーダーの理想なのだ。

4、【下手な自慢話を延々とする上司】

「自慢話」は、けっして悪いことではない

職場の上司にかぎらず、「自慢話ばかりする奴」はどこでも嫌われることになっている。たしかに、こちらが聞いてもいないのに、「いかに自分が偉い人間か」をベラベラと喋られると、ウンザリする。

しかし、世に「自慢話をしたくない人間」がいないのもまた事実だ。人に自慢できるものがあるのなら、それを話したくなるのが人情だ。謙虚に振る舞わないと軽蔑《けいべつ》されると思うから口にしないだけで、本音では、みんな自慢話をしたいと思っている。**人の自慢話を苦々しく感じるのは、「オレは我慢しているのにコイツは我慢していない」ということが許せない**

からだろう。本当は自分も同じことをしたいから、腹が立つのだ。

だから、お互いに自慢し合える関係なら、それほど腹は立たないものだ。たとえば友人と会話しているなら、相手の自慢話が終わってから「実はオレもさぁ……」と負けずに自慢することができる。

ところが、相手が職場の上司となると、そういうわけにはいかない。部下のほうは、ひたすら聞き役に回らざるを得ないのだ。だから「上司の自慢話」は極端に嫌われるのだ。

しかし、ちょっと考えてみてほしい。自慢話をするのは、そんなにいけないことだろうか。本音では誰もが自慢したいと思っているのに、自慢話をする人間を軽蔑するのは、あまり健全なことではないような気がしてならない。むしろ、お互いに相手の自慢話を素直に聞き、自己愛を満たし合ったほうが、ストレスのない関係になるとはいえないだろうか。

それに、本当に偉くなった人間というのは、自分の仕事に誇りと自信を持ち、それを自慢できるだけの強さを持っているからこそ、その地位を手に入れたともいえる。自慢話のひとつもできないようでは、上司としての「権威」は生まれない。何度もいっているように、上司は部下に「偉い」と思われるべきなのだ。

そういう意味で、日本社会は自慢話というものを必要以上に敵視しすぎだと私は思う。たしかに「謙譲《けんじょう》の美徳」は日本人ならではの価値観として大切にすべきだとは思うが、行き過ぎは考えものだ。「私なんか大したことありませんから」と謙遜《けんそん》する人を「いい人だ」と考える風潮《ふうちょう》が強すぎると、健全な向上心を持つことさえ否定されかねない。

とくに、どの国も「オレがオレが」と激しく自己主張する現在のグローバルな経済環境では、自慢話を抑圧するようなメンタリティが、日本の国際競争力を低下させる怖れさえあるように思える。

自慢話は、説教よりも短く「一分」で済ませる

とはいえ私は、自慢話をする上司を無条件で肯定するわけではない。むしろ実際には、これでは部下に軽蔑されるのも無理はない、と思える上司のほうが多いのが現実だ。そのなかには、自慢して当然の実績や実力の持ち主も少なくないのだが、いかんせん、その「話し方」が下手すぎる。**世の中の上司は、自慢話をするから部下に嫌われるのではなく、自慢話が下手だから嫌われるのだと思ったほうがいい。**

下手な自慢話にもいろいろあるが、多くの上司に共通しているのは、「話が長い」ことだろう。たとえ本当に実績のある「偉い上司」の話だとしても、いつ終わるとも知れない自慢

話を延々と聞かされれば、誰だってウンザリする。前に、「説教は三分以内に切り上げるべし」という話をしたが、自慢話はもっと短く終わらせたほうがいい。聞かされる側の立場になってみれば、一分もあれば十分だ。

そんな短時間ではうまく話せないという人もいるだろうが、時間をかけて何だかんだ説明しなければわかってもらえないような話は、そもそも大した自慢にはならないと考えるべきだろう。本当に立派な手柄というのは、ひと言で端的に説明できるものだ。

たとえば大ヒットした商品を手がけたのであれば、「あれはオレが企画した」とだけいえばわかる。しかし、そのプロジェクトにたまたまメンバーの一員として加わり、いくらかは販売に貢献したという人の場合、その貢献度を理解してもらうには、かなりの説明が必要だ。関わり方が薄く、貢献度が低いほど、その説明は長くなる。**一分で説明できないような自慢話は少しも自慢にならないから、最初からしないほうがいい。**

また、本当にインパクトのある自慢話の場合、短く話し終えたとしても、興味を持った相手が「その先」を知りたがっていろいろ質問してくるものだ。ヒット商品を企画したと聞けば、「どういうきっかけで思いついたんですか」などと聞きたくなるだろう。その質問に答える形なら、長い自慢話もイヤがられることはない。

バカのひとつ覚えの自慢話も、周りに嫌われる

もうひとつ、「自慢話の長い上司」と並んでよくいるのが、「いつも同じ自慢話をする上司」だ。この場合、「自慢話をする」というだけでも軽蔑されるのに、「前にも話したことを忘れている」という記憶力の悪さの点でも部下からバカにされてしまう。

ただし本人にしてみれば、けっして忘れているわけではないのかもしれない。自分が話したことは覚えているが、相手がそれを忘れている（あるいは真面目に聞いていなかった）と思い込んでいるのではないだろうか。

「前に話したことを覚えているなら、もっと上司である自分を尊敬するはずなのに、部下はそういう素振りを見せない。どうやらオレの偉さをまだわかっていないようだから、もう一度ちゃんと話しておこう」というわけだ。

ところが、同じ話を聞かされた部下のほうは「またかよ」と思うので、前回よりも自慢話へのリアクションが冷たくなる。すると上司のほうは「まだこの話のすごさがわかっていないようだ」と思って、また次も同じ話をしてしまう。悪循環だ。

だから、もし自慢話をしたときに「手応え」がなく、「ちゃんと聞いてなかったんじゃないか?」と感じたら、その話は自慢になっていなかったのだと諦めて、お払い箱にしたほう

がいい。繰り返せば繰り返すほど、バカだと思われてしまう。

逆に、部下の前でウケた自慢話は、繰り返してもかまわない。話のうまい人の自慢話というのは、いつ聞いても面白いものだ。そういう話は、ただの成功談ではなく、途中で失敗して挫《くじ》けそうになったとか、ピンチに直面したが誰かに助けてもらうことで乗り越えたとか、通常ではあり得ないような幸運に恵まれたなど、さまざまなドラマを含んでいる。

そういう物語のなかで、自分の貢献をさりげなくアピールするのが、ウケる自慢話というものだ。しかも**最後に聞き手が笑えるようなオチが用意されていれば最高だろう。自分が気持ちよくなりたかったら、聞き手を喜ばせるようなサービス精神が必要なのだ。**

もっとも、そういう話し方をするのが苦手な人は、あまり無理をしないほうがいい。本当に「あれは自分の手柄だ」と自信のある実績だけを短く語り、あとは「聞かれたら答える」という姿勢を徹底するのが無難だと思う。

5、【何でも自分の手柄上司】

手柄を独占するリーダーが、大きな仕事をすることもある

自慢話の下手な上司は部下に軽蔑されるが、その話が事実に基づいているのであれば、それほど罪はないといえるだろう。実績を自慢したい気持ちは誰にでもあるから、聞かされる部下のほうも、どこかで「しょうがないな」と思っている。鬱陶しいなと思うことはあっても、怒りの感情までは抱かないだろう。

しかし、自慢話にウソが混じっている場合は、話が別だ。他人の手柄を自分の手柄のように話した場合、「しょうがないな」では済まない。とくに、部下の手柄を横取りして「自分がやった」と吹聴《ふいちょう》するような上司は、部下のやる気を根こそぎ奪う。部下はやる気をなく

すどころか、「あんな上司の下で二度といい結果など出してやるものか」と憎悪《ぞうお》を剝《む》き出しにして、わざと足を引っ張るようなことさえしかねない。

ただし難しいのは、部下の手柄を横取りしている上司が、自分ではウソをついているつもりがないという点だ。ほとんどの場合、彼らは本気で「アレもコレもオレがやったことだ」「オレがいなければあの成功はなかった」と信じている。けっして悪意はなく、単に無邪気《むじゃき》でおめでたいだけだったりする。

また、それぐらい**強烈な自負心を持っているリーダーは、それに見合った大きな結果を出していることも少なくない**。ベストセラーを連発している出版社などの有名社長や編集長にも、そういうタイプが多いようだ。

すべて「オレが売った」と公言してはばからないので部下にはウンザリされているが、傍《はた》から見ていると、その自信がヒット作を生み出す原動力になっているように感じないこともない。実際、いわゆる「カリスマ社長」がいるおかげで世間でも話題になりやすいという面はあるだろう。

それに、ベンチャー企業の社長の場合は、常に大きなリスクを背負って勝負している。たとえ社員が考えた企画であっても、その成功は自分がリスクテイクしたおかげで生まれたものだという思いが強いだろう。そのリスクの重さを考えれば、社長が「すべて自分の手柄」だと考えるのも、あながち間違いではないのだ。

上司は、自分をＭＶＰに選んではいけない

もちろん、そういう理屈が通用するのは、リスクを負って大きな成果を上げている経営者だけだ。中間管理職のサラリーマンは、あまり真似をしないほうがいいだろう。

上司も部下も会社に雇われて仕事をしている以上、自分一人で大きな成果を出せるような存在ではない。すべては「チーム」としてやったことなのだから、手柄もみんなで分け合うべきだ。

しかも上司は部下の働きぶりを評価する立場なのだから、自分で自分を「ＭＶＰ」に選出するような言動は慎《つつし》まなければいけない。誰がＭＶＰかを決めることで権威を示したほうが、部下との関係を良好に保つ上では得策だ。

ただ、部下に手柄を与えた場合、こんどはその部下が慢心してしまう怖れがあるのもたしかだ。自分一人で大きくなったような顔をする子供を親が叱るのと同じように、「その仕事をおまえの力だけでやれたと思うなよ」と釘《くぎ》をさしておくことも考えたほうがいい。

それに、上司は常に部下を指導するポジションにいるのだから、その部下を立派に育てたという意味において、「部下の手柄は自分の手柄」と思うのはけっして間違いではないだろう。本当に「あれはすべて部下の手柄。自分は何もしていない」と思う上司がいたとしたら、むしろ無責任だ。そういう上司は、部下が失敗したときも、「あいつが勝手にやったこと。オレは何も知らない」としらばっくれるに違いない。

だから、部下が大きな手柄をあげたときに、「あいつを育てたのはオレだ」と自慢するのは、そんなに悪いことではないと私は思う。ただしその場合は、なかなか芽の出ない部下のことについても、「自分の不徳の致すところだ」といわなければいけない。その両面が一体となっていれば、いいときも悪いときも「オレは何もしていない」と無関係を装う上司より、よほど責任感があるといえるだろう。

また、**結果を出した部下を自慢するときは、「オレが育てた」と直截《ちょくせつ》的ないい方をせず、「あいつには苦労させられたけど、結果的にモノになってよかったよ」といった具合に、ボヤキ混じりの話し方をする**と、あまり嫌味な感じを与えない。それで部下に「いえ、課長に鍛えられたおかげです」などといわせたほうが、上司の権威は増す。

6、【テレビやスポーツ新聞からの受け売りを、得意げに話す上司】

テレビや新聞で取り上げられた情報は、すでに「古い」と思え

若い部下に、「時代に乗り遅れている」とバカにされることを怖れる上司は多い。もともと世の中の新しい情報については若い人のほうが耳が早いという思いがある上に、いまはさまざまな状況がものすごいスピードで変化する時代だから、自分だけ取り残されてしまうのではないかという焦りを感じるのだ。

もちろん、そういうオヤジ世代も、ファッションや音楽などの若者文化に関する情報で、部下と張り合おうとまでは思わないだろう。しかし、ビジネスにも関わってくるような社会情勢の変化について部下よりも無知なのはまずい――そういう思いで、必死にビジネス書や

雑誌などに目を通し、情報収集をしている人は多いと思う。

そうやって、時代の動きにキャッチアップする努力をするのは、けっして悪いことではない。実際、いまのビジネスはスピードが勝負だから、ちょっとした世の中の変化に対して敏感に反応できなければ、競争に負けてしまう。

ただし気をつけなければいけないのは、その勉強の目的が「情報を仕事に活かす」ためではなく、「知識を部下にひけらかす」ためになってしまうと、思わぬ落とし穴が待っているということだ。目新しい情報を仕入れると、つい嬉しくなって、すぐに「受け売り」で喋りたくなってしまうのだ。

それがまだ誰も聞いたことのないレアな情報なら、ただの受け売りでも「よくそんなこと知ってるな」と感心されることはあるだろう。しかし残念ながら、そういうことは滅多《めった》にない。というのも、四〇代や五〇代になると、いくら熱心に勉強していても、情報に対する感度は若者よりも鈍っているからだ。

それぐらいの年代になると、テレビ、新聞、雑誌といったメジャーなメディアに出る情報には追いつくことができても、目に見えない「空気の変化」のようなものを感じ取ることができないので、その情報の「鮮度」がわからない。その結果、とっくに誰でも知っているような話を、いち早く察知したかのように得意げな顔で披露《ひろう》してしまうという失態《しったい》を演じることになるのだ。こんなに恥ずかしいことはない。

とくに**インターネットや携帯電話などのＩＴ関連の情報は、出てきたかと思うと瞬《また》く間に古くなるので、注意が必要だ。**ｉモード、ブログ、ロングテール、ウェブ２・０などなど、新奇な用語を見ると最新情報だと思いがちだが、こういうものは、テレビや新聞で取り上げられた頃には、すでに古い話になっていると思ったほうがいい。

仕入れた「素材」を、自分で「料理」するのが本当の情報力

そもそも、不特定多数を相手にしているメディアから情報を仕入れておきながら、それを「自分だけが知っている」と思うほうがどうかしている。その分野の最前線に特別な人脈でも持っていないかぎり、「誰も知らないレア情報」が入ってくるはずがない。基本的には、「自分が知っていることはみんなも知っている」という前提で話題にするのが当然だ。

みんなが知っている情報だからといって、その話をすることに意味がないわけではない。そこで「意味がない」と思うのは、知識を持っていること自体に価値があると勘違いしているからだ。知識というのは、持っていることに価値があるのではなく、使うことに意味があ

る。それが、「情報を仕事に活かす」ということにほかならない。

そして、みんなが知っている知識や情報を自分たちの仕事に「使う」ためには、そこに自分なりの「解釈」を加える必要がある。素材に手を加えて料理するようなものだといえばいいだろうか。

たとえばロングテールという理論があるのなら、「いまはインターネットの登場で、これまで市場で埋もれていた商品でもコツコツと売って商売が成り立つ時代になった」と新聞の用語解説みたいな言葉をそのまま受け売りするのではダメ。それが自社のビジネスにどういうメリットをもたらすのかを具体的に語り、新しい商品開発の可能性に言及して初めて、その「素材」を自分で「料理」したことになる。

そうやって、**勉強して仕入れた情報を自分なりに咀嚼《そしゃく》してから、「自分の言葉」に置き換えて話すのが、頭がいい上司**というものだ。聞きかじっただけのマスコミ用語を得意げに振り回すのは、単なるミーハーでしかない。「物知り」と尊敬されるどころか、頭の悪さを際立たせるだけだ。

最悪なのは、「素材」としての情報だけでなく、「料理」にあたる解釈や解説の部分までマスコミからの受け売りで喋る上司だ。よくいるのが、たとえばプロ野球の日本シリーズやサッカーの日本代表戦などの翌日に、**スポーツ新聞で読んだ解説者の分析を、さも自分の意見のように喋るタイプ**。ネタ元がバレバレで恥ずかしいのはもちろん、マスコミに登場する「識者」の意見は無難で常識的なものにすぎないことが多いので、聞いていて面白くもない。これは、ワイドショーで政治問題や犯罪について したり顔で解説してみせるコメンテーターの話も同じだ。

むしろ、そういうマスコミ的な意見を批判的に読んで、「解説者の○○はこんなことを書いていたけど、オレは違うと思うね」と独自の見解を示すのが、知的なやり方だろう。それができないなら、テレビやスポーツ新聞のような誰でも見ているメディアをネタ元にするのはやめたほうがいい。

もし、どうしても受け売りで格好をつけたいなら、誰も読んでいないような専門書から情報を拾うぐらいの努力をすべきだ。もっとも、専門書の場合はそれを読んだこと自体がステイタスになる面もある。自分の意見として受け売りするより、**「これは○○という学者が××という本で書いていたことだが」と出典を明らかにして話したほうが、「情報通」という印象を与えることができる**かもしれない。

また、新書なら売り上げ部数が少ないから受け売りしても大丈夫だろうと思う人が多いかもしれないが、油断は禁物だ。本の売り上げ部数は少なかったとしても、いまの出版界では新書の注目度が高いので、書評で取り上げられたり、マスコミで引用されたりして、内容が広まっている可能性がある。したがって本書も、「上司というものはだな……」と部下の前で受け売りせず、あくまでも自分の頭のなかで参考にする「アンチョコ」として使っていただきたいと思う。

ともあれ、「知ったかぶり」によって人間の評価が高まるようなことは基本的にないと思っていたほうがいい。知らないことは知らないと潔く認め、「情報に対する誠意」を見せる人間のほうが、かえって「情報力」があるように感じられるものだ。

7、【後出しジャンケンの評論家上司】

当事者ではない評論家は、責任を問われない

知識を身につけるにしろ、物事を分析してみせるにしろ、上司が自分の「頭のよさ」を部下に示すときは、それが仕事に役立つものでなければ意味がない。単に「正しいことをいう」だけでは、「頭がいい人」にはなれても「頭がいい上司」にはなれないということだ。業績を上げるという目的に結びつかない「頭のよさ」は、意味がないばかりか、部下のやる気を奪うという弊害《へいがい》をもたらすことさえある。

それが、**結果論で物事を分析してみせる「評論家上司」**だ。

評論家というのは、当事者ではないから、物事が終わってから成功や失敗の原因を分析してみせればいい。すでに結果は出ているのだから、「正しいこと」をいうのは簡単だ。

たとえばサッカーの国際試合で日本代表が負けたのであれば、「オシム監督の指導力不足」「フォワードの決定力不足」「闘争心の欠如《けつじょ》」など敗因として考えられる要素は無数にある。そのなかのどれを指摘しても、負けたのは事実なのだから、それなりの説得力は生じるだろう。「それは敗因ではない」と批判されるような敗因は、滅多にないのだ。

もちろん、評論家は事後に結果を分析するだけでなく、事前に結果を予想することもある。しかし、それが外れたときに責任を問われることはない。「私の主張したやり方で戦えば勝てるはずだったのに、そうしなかったから負けた」などと当事者に責任を押しつけて分析すれば済むだけの話だ。

だが、戦いの当事者の監督はそういうわけにはいかない。事前に「勝てる」と予想したのなら、負けたときに責任を問われるのは当然だ。結果論で「敗因はこれだ」というなら、「どうしてそうならないような采配をしなかったのか」という話になる。

どんなに正しい分析をしても、結果が出せなかった以上は「頭がいい」という評価にはならない。

「後出しジャンケン」は部下のやる気を奪う

ところが会社というところには、自分がその仕事の当事者であるにもかかわらず、評論家のように結果を分析して偉そうな顔をしている上司がいる。

仕事がうまくいったときに、「あれが良かった」「ここが良かった」と「勝因」を分析してみせるならまだいいが、**こういうタイプは往々にして、失敗した仕事の分析を得意にしているものだ。**

うまくいかなくてガッカリしているところに、「こういう原因があったから失敗した。そんなことは、やる前からわかっていた。オレが思っていたとおりの結果になったよ」などと上司にいわれたのでは、部下はたまらない。誰だって、「わかっていたなら、おまえが何とかしろよ」と思う。こういう「後出しジャンケン」ほど部下をシラケさせ、やる気を失わせるものもないだろう。

しかも、こういう上司は事前の「予想」をしようとしないから、ある意味で評論家よりもタチが悪い。さすがに職場で予想を外した場合は「あのとき成功するっていってましたよね」と指摘されるから、言質《げんち》を取られるようなことは絶対に口にしない。すべて終わってから、「こうなると思っていた。オレの読みどおりだ」というのだ。

はっきりいって、こういう人間は組織のリーダーになる資格がない。まずは現状の戦力で実現可能な目標を立て、それを達成するために必要な行動を起こすのがリーダーの役目だ。失敗するリスクがあるなら、それをいかに減らすかも考えなければいけない。高い分析力を持っているなら、それを結果が出る前に活用しなければ意味がない。

たとえば新商品を市場に送り込んだ場合、それが「売れる必然性」は当然あるだろう。そうでなければ、会社は発売にゴーサインを出さない。しかしその一方で、「売れない必然性」もあるのが現実というものだ。あとから探せば、そんなものはいくらでも見つけることができる。それを事前に見つけて対処するのが、頭がいい上司だろう。

もちろん、失敗してから原因を探すことにまったく意味がないわけではない。ただ、それは単なる評論家的な「分析」ではなく、次に活かす「反省」にすべきだ。そして多くの場合、評論家的な上司が事前に「売れない必然性」を見抜くことができず、正しい判断をしなかったことが、最大の「反省点」になるはずだ。

8、【日によって、部下にいうことがころころ変わる上司】

部下が相談しないのは、権限委譲《いじょう》がうまくいってないから

部下が勝手に行動すると「オレは聞いてない!」と怒り、相談したら相談したで「少しは自分で考えろ!」と怒る上司がいることは、すでに話した。面子にこだわる人間がそうなりやすいのだが、「相談する/しない」に関する指示が一貫《いっかん》しないことには、もうひとつ原因がある。部下への「権限委譲」がうまくできていないのだ。

常に上司が付き添っているわけではない以上、何から何まで部下に指示しながら仕事を進めるのは不可能だ。当然、部下が自分で判断して行動せざるを得ない場面が出てくる。

たとえば編集者が「上司」、著者が「部下」だとすると、こうして本の原稿を書いている

ときに、一段落ごとに「次はどういう展開にしましょうか」とお伺いを立てている暇はない。書いていて迷うことはしばしばあるが、とりあえず自分で判断して先に進まなければ仕方がないだろう。編集者の思惑と異なる部分も出てくるだろうが、それは事後承諾で納得してもらう以外にない。

そして、そういう事後承諾が許されるのは、原稿の内容に関する「権限」が書き手に与えられているからだ。編集者と著者は協力関係にあるから「上司と部下」という比喩《ひゆ》にはやや無理があるかもしれないが、ふつうの職場でも、上司が部下にある程度の権限を与えておかないといけないのは同じだろう。

そこで**大事なのは、「ここまでは自分で判断してよい」というラインを明確にしておくことだ**。たとえばいまの私の場合、編集者との数回の話し合いの後、『頭がいい上司の話し方』というタイトルで書き始めたのだから、それを変更して『頭がいい部下の話し方』について書くような権限は与えられていない。あくまでもこのテーマで書き続けなければならない。

そのラインが明確になっていないと、本来は上司に相談すべきことを部下が勝手に判断したり、現場ですぐに決めればいいことをいちいち会社に持ち帰って相談したために時間をロスしたりといった混乱が生じる。

部下に対して「なぜ相談しないのか」「どうして自分で判断しないのか」と苛立つことの多い上司は、部下を叱る前に、権限委譲に関する自分のマネジメントがうまくいっていないことを反省すべきだろう。

部下の能力に合わせた権限委譲を

しかし、部下への権限委譲はそう簡単なものではない。**本人が自由に判断することが許される範囲は、部下の能力や仕事の内容によって違うから、部署全体で一律に決めることができない**のだ。

たとえば野球のチームなら、自分の判断で「行ける」と思ったらいつでも盗塁を試みていいイチローのような選手もいれば、監督がサインを出したとき以外は絶対に走ってはいけない選手もいるだろう。盗塁の条件を、チーム全体で一律に決めても意味がない。全員「いつでも勝手に走ってOK」にすれば、無駄な盗塁失敗を積み重ねることになる。

逆に、全員「サインを待って走れ」ということにすると、イチローのような高いポテンシャルを持った選手を十分に活かすことができない。どちらにしても、チームの勝利は遠のくわけだ。

だから選手それぞれに「権限委譲」のラインを伝えておかなければいけないのだが、それが徹底されていないと、盗塁でアウトになってから「もう一球待ってからサインを出そうと思っていたのに、なんで勝手に走るんだ！」ということになりかねない。しかし、それは勝手に盗塁を試みた選手が悪いのではなく、戦術をチームにしっかり浸透させることができなかった監督が悪いのだ。

もっと悪いのは、チームの調子や試合の結果によって、権限委譲のラインがブレる監督だろう。どこまで自主的な判断を認めるかは、あくまでも選手の能力によって決めるべきなのだが、監督のなかには、チームが勝っているときは「自由にプレーしろ」といっておきながら、負けが込み始めると、自由に打ったり走ったりして失敗した選手のことを「チームプレーができていない」と批判する人が少なくない。一貫した戦術がないので、選手は混乱するばかりだ。

つまり部下への権限委譲とは、その部署におけるチームプレーのあり方を決める作業にほかならない。そのルールをきちんと決めることができず、そのときの状況によってころころということの変わる上司は、自分のチームを効率よく動かすことができないのだ。

9、【自分がわからないことは、すべて否定する上司】

イチローの野球が理解できなかった、土井《どい》監督

野球のサインといえば、昔、イチローがまだオリックスの一員だった頃に、こんなことがあった。当時の土井監督が送りバントのサインを出したのだが、イチローはそれを失敗。しかしイチローは次の球を打ち返して観客席に放り込み、その逆転ホームランによって、オリックスが勝利を収めた。

さすがはイチローという話だが、ここで取り上げたいのは彼のことではない。そのプレーに対する、土井監督の反応だ。彼は、失敗を自分の力で挽回し、チームを勝利に導いた部下を褒めるどころか、送りバントの失敗に対して怒るばかりで、逆転ホームランのことを評価

しなかったと伝えられている。

この場合、イチローは送りバントのサインを無視してホームランを打ったわけではない。サインどおりにバントを試みたものの失敗してしまい、2ストライクに追い込まれたので、次の球は打ちにいくしかなかった。それでホームランを打ったのだから、その状況で考え得る最高の結果を出したことになる。

もし、彼が送りバンドのサインを無視して勝手にホームランを打ったというなら、監督が怒るのもわからなくはない。しかし、これはそういう話ではないのだ。イチローは監督をバカにするようなことは何もしていない。

にもかかわらず、土井監督がバント失敗にこだわり、逆転ホームランを評価しなかったのは、そういうイチローの野球が彼には理解できなかったからではないだろうか。それ以外に、あの対応を理解する術はないように思う。

土井監督といえば、九連覇時代の巨人で「川上《かわかみ》管理野球」の申し子のような選手として活躍した人だ。その意味では、間違いなく名選手だった。

そういう彼にとっては、おそらく「監督のサインどおりに結果を出す」のが野球というスポーツなのだろう。だが、残念ながら、そういう野球のやり方しか知らないから、送りバントを失敗したあとにホームランを打つイチローの野球が理解できないのだ。

そもそも土井監督は、かつてイチローの代名詞でもあった「振り子打法」を認めず、「そんなフォームで打っているかぎり一軍では使わない」と宣言したといわれている。そのことから考えても、やはり「自分の知っている野球以外は野球ではない」と思っていたに違いない。

「オレにはわからないけどやってみろ」という仰木《おおぎ》監督

だが、そんな土井監督のことを笑っていられない上司が、日本の会社には大勢いるはずだ。若い部下の感覚や仕事のやり方が理解できず、「オレがわからないものはダメだ」と全否定して、自分のやり方を押しつけようとする上司はけっして珍しくない。

もちろん、若い部下は未熟だから、自分勝手なやり方をしてはいけない部分も少なからずあるだろう。何事も「基本」を身につけずに自己流でやっていると、大きく成長しないものだ。それは、経験のある上司が正しく指導しなければいけないとは思う。

だが、**仕事には経験値だけで片付けられない問題もたくさんある。**何度もいっているように、すべての面で上司の力量が部下を上回っていることはあり得ない。部下のやり方から、上司が何かを学ぶことだってあるはずだ。

とくに現在のように変化の激しい時代においては、世の中の空気の動きに敏感な若い世代の発想が役に立つケースが多い。少なくとも、若い人のやり方を「わからない」というだけで否定するのは間違っている。それを理解できない自分のほうが、時代遅れになっている可能性があるからだ。

たとえば、しばしば土井監督とは対照的な指導者として語られる故・仰木監督は、イチローの振り子打法も、野茂《のも》のトルネード投法も否定せず、自由にやらせて結果を出させた。しかしその仰木監督が、土井監督と違って野茂やイチローのやり方を理解していたかというと、けっしてそんなことはないだろう。土井監督と同じように、彼らの野球は仰木監督にとっても「いままで知らなかった野球」だったはずだ。

しかし仰木監督が土井監督と違ったのは、**「オレにはわからないからダメ」**と否定せず、**「オレにはわからないけど、それで結果が出るならやってみろ」とそれを受け入れた**点だ。そこがリーダーとして優れていたところだ。

会社の上司も、部下の仕事ぶりが理解できないときは、頭から否定するのではなく、とりあえずやらせてみるべきだろう。そのやり方を認めるかどうかは、結果が出てからでも遅くはない。いくらやってもいい結果が出なかったときに、「そのやり方ではダメだ」といえばいいのだ。トライする前に「ダメだ」といわれるより、失敗してから修正されたほうが、部下のほうも納得がいくだろう。

部下が自分に理解できないやり方でいい結果を出した場合、上司としては、自分の経験や過去の成功体験を否定されたように感じて、あまりいい気分はしないかもしれない。しかし時代は動いているのだから、何でもかんでも昔のやり方が通用すると考えるほうがおかしいのだ。

それに気づかせてくれたというだけでも、そういう部下を持ったことはラッキーだと考え、感謝するぐらいでなければいけない。過去の成功体験だけが正しいと思い込み、それに縛られている上司に、未来はない。

10、【部下を、自分の手足としか考えていない上司】

「監督兼エース兼四番」の上司は、部下を腐らせる

部下にやる気をなくさせるのは、仕事のできない「ダメ上司」だけではない。レアケースではあるが、ときには仕事のできるキレ者の上司のほうが、逆に部下をダメにしてしまうこともある。

もちろん、能力の高い上司がみんなそうなるというわけではない。基本的には、仕事のできる上司のほうが「権威」があり、部下を動かしやすくなる。

しかし、部下はただ動かせばいいというものでもない。上司には部下を育てる役目もあるし、前述したとおり、権限を委譲して部下に判断させなければいけない仕事もある。したが

って、部下が「主体性」を持って自ら動く余地も残しておかなければいけない。

ところが、**あらゆるスキルを高いレベルで身につけたスーパーマンのような上司は、何から何まで自分でやろうとする。そのほうが早いし、仕事のクオリティも高くなるからだ。**ここまで私は上司をしばしば野球の監督になぞらえてきたが、それができるところが、上司と監督の違うところだろう。

野球の監督は自分で投げたり打ったりできないが、会社の上司は自分もプレーすることができる。優秀な上司は、いわば「監督兼選手」であり、しかも「エースで四番」の大黒柱《だいこくばしら》になることができるわけだ。

こうなると、単なる上司の手足として使われるだけの部下は面白くない。実際、以前そういうスーパーマンが編集長を務めていたある週刊誌では、部下の編集部員たちがずいぶんつらい思いをしたそうだ。

すべての企画や記事作りの方向性を編集長が決めるので、部下はそのアイデアを形にする作業が与えられるだけ。やらされている仕事が全体のなかでどんな意味を持つのかもわからず、編集長の尻拭《ぬぐ》いや使い走りのようなことばかりさせられる。雑誌を作る仕事をしている以上、部下も自分の知識や発想を活かしたいと思っているのに、そういうクリエイティブな仕事はほとんどない。しかも結果はすべて上司の手柄になってしまう。手応えも達成感も味わえないのでは、部下が腐るのも当然だろう。

しかし、なにしろ編集長がキレ者だから、部下が腐ってやる気をなくしていても、作った雑誌はよく売れる。結果が出ているから、編集長は自分が間違っているとは思わず、したがってやり方を変える必要があるとも考えないわけだ。

管理職は「オーケストラの指揮者」と同じ

だが、当面はいい結果が出たとしても、こんなやり方が長続きするわけがない。上司の調子がいいうちは連戦連勝できるかもしれないが、エースで四番の監督がスランプに陥ったら、連敗街道《かいどう》まっしぐらだ。チームの立て直しはまず不可能だろう。上司の不調で大幅にダウンした戦力を補えるだけの控え選手が育っていないからだ。

それに、たとえ上司がいつまでも好調を維持できたとしても、その「スーパースター」がずっと現役を続けられるわけではない。昇進や異動などでその部署を去る日は、必ず来る。管理職のサラリーマンは会社のために仕事をしているのだから、自分のいなくなった部署がまったく機能しないようでは、その責任を果たしたことにはならない。

長嶋茂雄《ながしましげお》氏は現役を引退するとき「わが巨人軍は永久に不滅です」との名言を吐いたが、上司も「自分がいなくても永久に不滅」な部署を作り上げるのが理想だろう。それができるのが真に「優秀な上司」なのであって、部下を育てられないスーパーマンのような上司は、単なる「優秀な人材」にすぎない。

したがって、上司としていい仕事をしようと思うなら、「エースで四番」を目指してはいけない。あらゆる分野で部下よりも高いスキルを持っている必要は、まったくない。

その意味で、上司というのは「オーケストラの指揮者」みたいなものだと思えばいいだろう。オーケストラにはさまざまな楽器があるが、それをすべて演奏できる指揮者はいない。ほとんどの指揮者は、ピアノのほかにもうひとつ弾ける楽器があるという程度だ。当然、個々の楽器については「部下」である楽団員のほうがはるかに上手い。それを統括し、オーケストラをひとつの「楽器」として鳴り響かせるのが指揮者の仕事だ。

もちろん、自分で演奏することはできなくても、それぞれの楽器の特性はよく知っていなければ、適切な指示を出すことはできない。楽器には音域や音量などに物理的な限界があるから、それを超えることを「やれ」といえば、団員からバカにされてしまう。さまざまな楽器の個性を最大限に活かすことで、オーケストラ全体に最高のアンサンブルを奏《かな》でさせるのが、いい指揮者というものだ。

上司も、指揮者として自分の部署をまとめ上げるためには、それぞれの部下が持っている能力や性格を知り抜いていなければいけない。全員の能力を最大限に発揮させれば、どんなスーパーマン上司にも負けることはないだろう。

一人のスーパースターが「自分の能力」を最大限に発揮したときよりも、完璧に統率された集団がそのポテンシャルを最大限に発揮したときのほうが、そのパフォーマンスの質は高くなるはずだ。

11、【部下をライバル視する上司】

せっかくの「使える部下」の足を引っ張る、ダメ上司

年功序列システムが生きていた時代は、あまり能力のない人間でも、大きなミスさえしなければ順番に管理職ポストを得ることができた。しかし、能力主義や成果主義が浸透してきた現在は、「プレーヤー」としてそれなりに高い能力を持っていなければ、部下を持つ立場にはなれない。

もっとも、何から何まで一人でこなしてしまえるほど優秀な上司は、そう多くない。上司に匹敵する実力を持つ部下は、どんな部署にも一人や二人はいるものだ。先ほども述べたとおり、上司はオーケストラの指揮者と同じだから、そういう部下の能力を最大限に引き出さ

なければいけない。

ところが、仕事のできる優秀な上司のなかには、本来は「使えるタイプ」の部下を、逆に潰そうとする者がいる。それまで実力でのし上がってきたために、上司になってもプレーヤーとしてトップでいなければ気が済まず、その地位を脅かしそうな部下をライバル視してしまうのだ。

とくに、**優秀な営業マンにはこのタイプが多い**のではないだろうか。たとえば自動車販売のように、個人の実績が目に見える数字ではっきり出る職場では、上司が部下に「抜かれてなるものか」という気持ちになりやすい。

本来は、お互いに競い合うことで部署全体の成績が上がれば上司の手柄になるのだが、プレーヤーとして優秀な人ほど、そう考えることができない。個人的なプライドを守ることを優先してしまう。そのため、結果的に部署全体の成績を犠牲にすることを厭《いと》わずに、「できる部下」の足を引っ張るようなことまでする。

部下から仕事のやり方を盗んだってかまわない

人間には嫉妬心《しっとしん》というものがあるから、それもある程度は避けられないことなのかもしれない。部下としては、上司のプライドを傷つけないよう、常に「課長にはかないませんよ」という態度を見せておくということを、処世術《しょせいじゅつ》のひとつとして心得ておいてもいいだろう。手加減して成績を抑えるのは難しいだろうが、上司よりもいい数字を出してしまったときなどに、「たまたまラッキーが重なった」などと謙遜《けんそん》してみせることはできる。

しかし上司としては、そんなふうに部下に気を遣わせてしまった時点で「負け」だと考えるべきだ。「部下のポテンシャルを最大限に引き出す」という上司の役割を果たすことにならないからだ。

わざと足を引っ張って部下の成績を下げることまではしなくとも、部下をライバル視した上司は、相手の仕事ぶりをネガティブに評価しがちだ。

たとえば、部下が自分と異なる営業手法で結果を出したりすると、自分のやり方が否定されたような気持ちになって、それを認めることができない。そのため、「今回はそれでよかったかもしれないが、そのやり方では長続きしないぞ」などと忠告し、自分のやり方を踏襲するよう押しつけたりする。

しかし営業マンの仕事のスタイルは個人の性格や資質によって違うから、ある人が成功した手法がほかの人でもうまくいくとはかぎらない。向き不向きというものがある。自分がそれで結果を出してきたからといって、同じやり方を部下に強要するのは、結果的には相手の足を引っ張っているのと同じことだ。

それに、部下のやり方を頭ごなしに否定するのは、上司自身のためにもならないだろう。もしかしたら、部下の手法は上司にとっても新しい発見かもしれない。自分のやり方を部下に押しつけるより、部下のやり方を自分の仕事に取り入れたほうが、かえって自分の成績を伸ばすことにつながる可能性もある。経験値は上司のほうが高いのだから、優秀な部下の手法をブラッシュアップし、より洗練された形に磨き上げることもできるはずだ。つまり、**部下から仕事のやり方を「盗む」のだ。**

上司はしばしば若い部下に「仕事のやり方は教わるものではなく、盗むものだ」などという。だが、すべての手法を熟知している人間などいない以上、上司が部下から新しいやり方を盗むことだってあり得るだろう。それを「沽券に関わる」などといって拒絶する上司は、プライドが高いのではない。単に、頑固で頭が堅いだけだ。

本当に優秀で、自分の仕事にプライドを持っている人は、どんなやり方も柔軟に取り入れて、結果を最大化することを目指すものだ。

12、【部下の仕事を、すべて細かく管理したがる上司】

「管理職」の仕事は、「管理」であって「監視」ではない

部下を自分の手足としか考えない「エースで四番」の上司も、部下をライバル視して押さえつけようとする上司も、**根本的には自分を「プレーヤー」だと思っているところに問題がある。**そういう上司が出てしまうのは、いつまでもプレーヤーとして働きたい人まで管理職にしてしまう単線型の昇進システムもひとつの原因ではあるだろう。

実際、現場が好きな職人肌のタイプのなかには、昇進して管理職になるのをイヤがる人もいる。だが、いったん管理職になった以上は、プレーヤーではなく「マネジャー」としてのアイデンティティを確立しなければならない。これは前にも述べたが、管理職はその名のとおり自分の部署を「管理」して業績を上げるのが仕事なのだ。

しかし、プレーヤーとしてのアイデンティティを捨てきれなくて「ダメ上司」になってしまう人がいる一方で、マネジャーの立場に過剰適応したために部下のやる気を奪っている上司もいる。部下の仕事を細かく「管理」しすぎて、煙たがられるタイプだ。

本来、管理というのは、部署全体の仕事の現状をきちんと把握し、それが正しい方向に流れるように導くことだろう。したがって、仕事の節目ごとに目標や基本方針を明確に打ち出し、ときには部下のやり方に口を出して軌道修正をしなければいけないが、全体を見て流れがうまくいっているときは黙っていればいい。

ところが「自分は管理職だ」という気持ちが強すぎる上司は、往々にして、「管理」を「監視」のことだと勘違いしてしまう。**部下が担当しているあらゆる仕事の進捗《しんちょく》状況を常にチェックし、誰が何をしているかをすべて把握しないと気が済まないのだ。**それが上司の責任だと思い込んでいる。

部下にしてみれば、これほど鬱陶しい上司はいないだろう。べつに仕事をサボるつもりはなくても、人間には自分のペースというものがあるから、バリバリと作業を進められる日もあれば、ちょっと息抜きをしたい日もある。最終的に帳尻《ちょうじり》さえ合わせればいいのだから、途中のペース配分は自分でコントロールしたい。

ところが、「監視職」の上司は一から十まで部下の動きをチェックする。マラソンにたとえるなら、コーチが五キロごとの通過タイムをチェックして選手に指示を出すのではなく、一〇〇メートルごとに「速すぎる」「遅すぎる」と口を出し、さらには腕の振りや足の運び方にまで注文をつけているようなものだ。練習のときならともかく、レースの本番でそんなことをされたのでは、選手はかえってペースを乱してしまうだろう。


過保護な親が子供をダメにするのと同じこと

また、このタイプの上司は部下を全人格的に管理しようとするのもひとつの特徴だ。**できることなら、部下の私生活まで監視したいと思っている。**さすがに家までついていくことはしないものの、帰宅後や休日に何をして過ごしているのかといったことを根《ね》掘《ほ》り葉《は》掘《ほ》り聞き出そうとする上司は多い。

少なくとも、社内での部下の交友関係は重要な「監視項目」のひとつだ。会社勤めをしていれば、つき合いの範囲は自分の部署だけではない。同期入社の仲間と飲むこともあれば、前に所属していた部署の上司や先輩に相談事を持ちかけたり、助力を求めることもあるだろう。誰でも当たり前にやっていることだが、「管理」にこだわりすぎる上司にとって、そういう部下の行動は許し難い。常に部下をハンドリングしていたいので、自分のコントロールが及ばない世界を持つことは認めたくないのだ。

だから、自分の知らないところで部下が違う部署の人間と飲んでいたことが耳に入ったりすると、とたんに機嫌が悪くなる。そこでどんな話をしていたのか、気になってしょうがない。しかし直接「あいつと何を喋ってたんだ」と問いただすわけにもいかないので、事情を知っていそうな周囲の人間に探りを入れたりするわけだ。

こうなると、上司というよりは興信所の探偵みたいなものだ。極端な話かもしれないが、日頃の素行を知るために、部下のメールを勝手に盗み見するような上司もいるのではないかと思う。

こういう上司は、ある意味で、過保護な母親に似ているといえるかもしれない。本人は子供を守っているつもりで何から何まで世話を焼き、危険な目に遭わないように「あれをするな、これもするな」と口を出すのだが、これはけっして本人のためにならない。自立できない甘えん坊を育てているだけだ。子供が中高生になって、友達や恋人とのつき合いをチェックするために携帯の着信記録やメールを勝手に見たりすれば、激しく反抗されるだろう。

上司の「過剰管理」も同じで、仕事ぶりを細かくチェックして「ああしろ、こうしろ」と世話を焼いていると、部下は育たない。また、自分が上司に信用されていないのだと感じて、反抗心も抱くようになる。上司がいうことを聞かせようとすればするほど、逆にそのコントロールを受けまいとするわけだ。その部下にとっても、上司本人にとっても、何もいいことはない。

それに、親から過剰な干渉を受けた子供というのは、心を歪《ゆが》ませてしまうことが多いものだ。とんでもない少年犯罪も、その根っこには家庭の問題があることが多い。

常に部下を監視している上司が過保護な親と同じだとすれば、職場でも似たような問題が生じる怖れはあるだろう。キレて「社内暴力」を振るうようなことはないだろうが、**上司の過剰な管理が心理的なプレッシャーとなり、うつ状態になってしまうことは十分に考えられる**。そのために休職に追い込まれるようなケースはいまどき珍しくないし、最悪の場合は自殺してしまうことだってあるだろう。

そのときに「管理責任」を問われるのは上司だ。部下の心をいい方向にコントロールするためには、相手をあまり管理しすぎないことも、管理職には求められる。

13、【部下の失敗の傷口に、塩を塗り込む上司】

怒鳴られて萎縮した部下は、次も失敗する

スポーツ選手のパフォーマンスは、それぞれのポテンシャルだけで決まるわけではない。その日の体調はもちろん、メンタル・コンディションも結果を大きく左右する。「心技体」が大事だといわれるゆえんだ。だからチームの監督は、選手に自信を持たせ、試合に向けてモチベーションが高まるように腐心《ふしん》するわけだ。

会社の仕事も同じだろう。上司は部下の能力を高めて技術的な指示をするだけでなく、メンタルな部分にも気を配る必要がある。もちろん、仕事のできない部下が失敗すれば、同じ過《あやま》ちを繰り返さないように叱らなければいけないが、だからといって必要以上に気持ちを落

ち込ませても、あまりいいことはない。うつ状態にまではならなかったとしても、自信をなくした人間は持っている実力を発揮できないものだ。そのために戦力がダウンしてしまった場合、上司の責任は大きい。

しかし、部下がミスをしたときに、その傷口に塩を塗り込むような仕打ちをする上司がいるのも事実だ。スポーツの指導者にも、そういうタイプは多い。怒りを露《あら》わにして選手を鼓《こ》舞《ぶ》しようという意図もあるのだろうが、それも行き過ぎると裏目に出る。

たとえば平成十九年の春、甲子園の選抜高校野球大会で大垣日大《おおがきにちだい》（岐阜県）を準優勝に導いた坂口《さかぐち》監督は、かつて東邦《とうほう》高校（愛知県）の監督だった頃、スクイズを失敗した選手をベンチから鬼《おに》の形相《ぎようそう》で睨《にら》みつけてしまったことがあるという。そのせいで萎縮した選手は、スクイズ失敗のあと案の定《あんじよう》、凡退《ぼんたい》してしまい、試合に負けてしまった。そのときの反省から、失敗した選手にも笑顔で接するようにしたところ、かえってパフォーマンスが良くなることに気づいたそうだ。その成果が、大垣日大の準優勝だったのだ。

スクイズを失敗したのは技術的な問題があったからだろうから、選手には反省させなければいけない。だが、それは試合が終わってからでもいいだろう。試合中に叱ったからといって、その失敗が取り戻せるわけではない。試合中の指導者は、失敗した選手がどうすれば次にいいパフォーマンスを発揮できるかを考え、指示を出すことが大切だ。

たとえばボクシングのセコンドのなかにも、選手がパンチを食らうたびに「なんで打たれるんだ！」と怒鳴る人がいるというが、そんなことを聞かれても選手だって困るだろう。「どうすれば打たれないのか」を選手のほうが聞きたい状態なのだ。

だから優秀なセコンドは、「打たれた」という結果については何もいわず、「ガードを上げろ」「もっと足を使え」など、相手のパンチを避けるための具体的な作戦を端的《たんてき》にコーチングする。それによってパンチを食らわなくなれば、選手は「セコンドの指示に従えば大丈夫だ」と自信を持って戦うことができるのだ。

上司は、部下の「人格」まで教育する必要はない

つまり、部下が失敗したときは、その傷口に塩を塗って余計に痛がらせるのではなく、むしろ、その傷口をなるべく早く治して戦える態勢を整えてやるのが、上司の役目だということだ。**終わったことをガタガタいってもしょうがない。大事なのは、その部下が「前に何をしたか」ではなく「次に何をすべきか」だろう。**全体の仕事を前進させるためには、部下を萎縮させて、そこに立ち止まらせておくわけにはいかないのだ。

逆にいうと、まるで教師が生徒を廊下に立たせるごとくに部下をその場に立たせ、相手がいくら落ち込んでもネチネチと失敗を責め続ける上司は、「全体の仕事を前進させる」という本来の目的を見失っているということになる。しかし、何の目的もなく他人を叱り続ける人はいない。だとすれば、何か別の目的があるはずだ。

では、そこでは何が上司の目的になっているのか。

もちろん、「上司自身は「これも仕事のためだ」と思っていることだろう。しかし、その上司は無意識のうちにこう思っている。「これも、コイツの性根《しょうね》を鍛え直すためだ」——。

この場合、説教の最終的な目的は「仕事の業績を上げる」ことではない。「部下を立派な人間に育てる」ことだ。要するにこの上司は、部下が失敗したのは仕事のスキルが不足していたせいではなく、人格が未熟だからだと思っているわけだ。

こういう勘違いをする上司が多いのは、おそらく日本の学校教育に原因があるに違いない。日本の学校というのは、単に勉強や生きるために必要なスキルを身につけさせるだけではなく、子供たちの人格を育てる場だと考えられている。

道徳観念や人としての生き方などを教会が教える欧米社会と違い、宗教的な面から子供を支える場がないので、やむを得ない面もあるかもしれないが、けっして人格が優れているとはかぎらない教師（教師の採用試験は人格を問うような内容ではないはずだ）に、そこまで委ねるのは無理があるともいえるだろう。それが教師の負担を増やしているのは間違いない。

ともあれ、日本人はそういう学校で教育を受けているので、教育といえば「人格教育」を含むのが当然だと思っているフシがある。だから上司も、自分が人格に優れているから管理職になったわけではないにもかかわらず、「人生の指導者」として部下の人格を鍛えようとするわけだ。

しかし、会社の上司はそんなことまで面倒をみる必要はないし、すべての上司がそんな能力を持ち合わせているわけでもない。**自分の息子や娘ならともかく、すでにひととおりの学校教育を済ませてきた人間の人格を自分が鍛え直せると考えるのは、やや不遜《ふそん》な態度**だとさえいえるだろう。

たしかに上司には部下を教育する責任があるが、その範囲はあくまでも仕事のスキルにかかわることだけだ。どんなに部下の人格がねじ曲がっていようが、会社に迷惑をかけるような不祥事《ふしょうじ》さえ起こさなければ、上司には関係がない。仕事で成果さえ上げてくれればいいのだから、失敗したときの説教も、その目的を忘れてはいけない。

14、【部下の悪口を方々でいう上司】

「部下がバカで」は、「オレは無能だ」というのと同じ

日本人には、自分の内輪の人間を外部の人間の前で褒めないという習慣がある。たとえば学校の担任が家庭訪問に来れば、「うちのバカ息子がいつもご迷惑をおかけしておりまして」などと挨拶するのが「オトナの態度」だと考えられているわけだ。

最近の親は図々《ずうずう》しくなっていて、「うちの子は頭がいいのに成績が伸びないのは先生の教え方が悪いからだ」などということも多いようだが、これはあまり褒められた態度ではない。

妻のことも、実際は内助の功に感謝していても、外では「きつい性格で、おっかなくて」などとボヤいてみせるのが、サラリーマン社会の基本的なマナーだといっていいだろう。

しかしそれも程度問題で、世間体を取り繕《つくろ》うための謙遜には聞こえないレベルになると、シャレにならない。なかには本気で家庭内の不平不満をぶちまけて、周囲に「まあまあ、そこまでいわなくても」などとたしなめられる人もいる。

それでも、自分の家族について悪くいうぶんには、それほど罪はないだろう。問題は、会社の部下のダメさ加減を社外にいいふらす上司だ。

たとえば他社のパーティに呼ばれたときなどに、スピーチで「わが社は無能な社員が多くて困っておる次第ですが……」などと自分の会社を卑下してみせる経営者は少なくない。中間管理職が取引先に会うときも、「まったくうちの会社はバカばっかりで」と部下の出来の悪さを愚痴ることが多いのではないだろうか。

一見、これは家族の悪口をいうのとあまり変わらない。だが、それとこれとでは本質的に違うと考えるべきだろう。「部下がバカだ」というのは、「自分は（経営者や上司として）無能だ」といいふらしているのと同じことだからだ。

もちろん、たとえば妻は自分が選んだのだし、子供は自分の遺伝子を受け継いでいるのだから、家族をバカにするのも「オレは見る目がない」「オレは素質がない」といっているのと同じではあるだろう。しかし、それは仕事の能力とは関係がない。

それに対して、経営者が自ら採用した社員を悪くいうのは、「自分には人材の力量を見抜く目がない」といっているのと同じだし、部下を育てる立場にいる上司が「バカな部下ばかりだ」といえば、それは「オレには教育力がない」というのと同じ意味なのだ。**まさに、天に唾《つば》するような行為**だといえるだろう。

そこまでわかって自虐的にいっているならいいが、部下をバカにすることで自分の優秀さをアピールしようと思っているとしたら、逆効果だ。実に愚かな発言だといわざるを得ない。

限りある「資源」を、いかに有効活用するか

現実には、いくら教育しても仕事を覚えない部下はいるだろうから、愚痴をいいたくなる気持ちもわかる。世の中に、仕事のできる人間はそんなにいないものだ。

仮に部下が一〇人いたとしたら、そこそこ「使える部下」は四人か五人でもいればラッキーなほうだろう。ふつうは、業績アップの「戦力」として計算できるのは二人か三人だと思う。それ以外は可もなく不可もないレベルで、無難な仕事しか任せられない。そして一人か二人、何もしないでベンチを温めてくれていたほうがマシだと思えるような、ひどいレベルの人間がいるものだ。

しかし、それはそういうものだと諦めるしかない。どこの会社の管理職も、似たり寄ったりの「戦力」でやりくりしながら仕事をしているのだ。「どうしてオレの下にはバカしか集まらないんだ」と嘆くのは、それを使いこなして結果を出せない自分の能力不足に対する、みっともない言い訳にしかならない。

むしろ、一〇人のうち八人も九人も「使える奴」のいるチームを任されたのでは、上司として腕の振るいようがなくて面白くない、と考えるべきだろう。箸にも棒にもかからないようなレベルの低い部下でも、その能力のうち五％でも一〇％でもいいから活かすことで、部署全体のレベルアップを図るのが、上司の腕の見せ所だ。**限りある「資源」から、どれだけ効率よくエネルギーを搾《しぼ》り取れるのか。会社の管理職は、そういう勝負をしている**のだと思えばいい。

そう考えれば、無駄な「資源」はひとつもないと思えるのではないだろうか。たとえは悪いが、昔はただのゴミとしか思われていなかったものでも、いまは「資源ゴミ」としてリサイクルに回され、有効活用されている。

それこそ野球チームだって、レギュラークラスの選手ばかりでは長いシーズンを戦えない。守備も打撃もからっきしダメだが足だけは速いので、いざというときの代走としてベンチに置いておきたい選手もいるだろう。大差のついた試合で文句もいわず敗戦処理投手になってくれる選手もありがたい。ベンチウォーマーもまた「戦力」の一部なのだ。どんな部下だろうと、それを活かすも殺すも上司の腕次第だ。

そして、滅多に起用されないベンチウォーマーほど、モチベーションの維持が難しい。いざ「使える場面」がやってきたときに、本人が「どうせオレには出番なんかない」と気持ちを腐らせ、仕事をする心の準備ができていなかったら、わずかしかない能力さえ十分に発揮できないだろう。上司としては、ダメな部下にこそやる気を持たせる工夫をしなければいけないわけだ。

それを日頃から「バカだバカだ」と周囲にいいふらし、本人にも「おまえは使えない」などと罵倒するというのは、まだ使える燃料に水をぶっかけて使えなくしているようなものだ。**どんなに能力の低い人間でも、自分で自分のことをバカだとは思っていないし、プライドも持っている**。その炎を吹き消すような真似をしてはいけない。チームの能力を最大化するという目的を達成する上では、バカに「バカ」といっても何の意味もない。

15、【「頑張ります!」という部下ばかりを評価する上司】

体育会系がやりがちな「依怙贔屓《えこひいき》」

会社の上司であれ、学校の教師であれ、人間集団を指導し、相手を評価する立場にある人間には、絶対にやってはいけないことがある。だが、人間なら誰でもやってしまいがちなことだから難しい。それは、「依怙贔屓」だ。

上司は部下を、教師は生徒を、いずれも公平に扱わなければいけない。評価が不公平な基準で行なわれているとわかった瞬間、部下は仕事への意欲を失い、生徒は勉強する気をなくすだろう。しかし指導者も人間だから、どうしたって好き嫌いもあれば、相性のいい悪いもある。**よほど自覚して相手を平等に扱うように努力しなければ、依怙贔屓を完全に避けるのは**

は困難だ。こちらは気をつけて全員を同じように扱っているつもりでも、相手はちょっとした差を見つけて「自分は公平に評価されていない」と思い込むのだ。

会社で起こりがちな依怙贔屓にも、いろいろなパターンがあるだろう。一番わかりやすいのは、好みのタイプの女子社員（女性管理職なら男性社員）を大事にするというものだが、これだけセクハラが厳しく指弾《しだん》されている時代に、男女の恋愛感情を職場に持ち込む上司はもはや論外だ。

それ以外にも、同郷の部下をやたらと可愛がる上司、大学の後輩を重用《ちょうよう》する上司、いつも同じ巨人ファンの部下と野球の話で盛り上がっている上司、ゴマすり社員におだてられてニヤニヤしている上司など、指導者としての基本的な資質に欠ける人間は山ほどいる。ただ、これらはいずれも、当事者以外は誰が見ても「依怙贔屓だ」とわかるケースだろう。

しかし、なかには一見すると依怙贔屓のように見えないパターンもある。それが、この章の最後に取り上げる「『頑張ります！』という部下が好きな上司」だ。私が仕事で関わっているような業界にはあまりいないが、たとえば生保や損保のような「体育会系の営業マン」が力を発揮できる世界には、このタイプの上司が多いらしい。さもありなん、というところだ。

体育会系の世界というのは、声がでかくて根性のある奴が評価されるところだ。前にも述べたように、**イチローや中田英寿のような知性を感じさせるタイプはまだまだ少ないし、そういう人間は体育会系の内部ではあまり好かれない。**ツベコベいわずに「頑張ります！」と吠《ほ》えながら汗をかく人間が、指導者からも仲間からも好かれる。

頑張っているというプロセスではなく、「結果」で評価する

だから体育会系の人間は会社に入っても「頑張ります！」といっていればいいと思っているし、上司になればそういう部下を可愛がる。自分と同じやり方をする部下を評価しがちなのは、どういうタイプの上司にも共通の心理だ。

そして、こういう上司が、理屈っぽいことをいう部下を嫌うのはいうまでもない。何か指示を与えたときに、「どうしてですか？」「今日やる必要があるでしょうか」などと質問とも意見ともつかない言葉を返してくる人間は、それだけで「やる気がない」と判断されてしまう。やる気があるなら、ツベコベいわずに「はい、頑張ります！」と返事をするはずだというのが、彼らにとっての「常識」なのだ。

この「常識」が大いに問題なのは、仕事の「結果」を度外視して部下を評価しているということだ。口では「頑張ります！」と元気のいいところを見せ、いかにも汗をかいて働いて

いるように思わせてはいるが、そういう部下が本当に真面目に仕事をしているかどうかはわからない。「では行って参ります！」と大声で社を出ていったはいいが、その一時間後には営業車のなかで昼寝をしているかもしれないし、映画館やマンガ喫茶にでも入って油を売っているかもしれないのだ。そういう実態を見ようともせずに、口先の言葉や表面的な態度だけで部下を評価するのは、どう考えてもバカげている。

彼らが言葉どおりに頑張っているかどうかは、仕事の成績を見ればすぐにわかるだろう。「頑張ります！」という台詞を口にしているかどうかに関係なく、部下の評価は「結果」を見てから決めるべきなのだ。あれこれと理屈をこね、大声で挨拶もできないような人間であっても、結果さえ出していれば何の問題もない。

もちろん、「頑張ります！」が口癖の部下が、その言葉どおりに頑張って汗を流していたとしても、それだけで評価していいということにはならない。かつて日本経済が右肩上がりに成長していた時代は、「一生懸命に努力しているかどうか」というプロセスが評価の対象になっていたが、いまはそういう時代ではないだろう。もう、「とにかく頑張れば必ず結果はついてくる」ような社会ではなくなっているのだ。**プロセスは二の次にして、結果の良し悪しを冷静に評価することが、上司が「依怙贔屓」に陥らないための近道なのだ。**

Part 3

経営者になりたい人の話し方訓練法

——人の上に立つためには、何が一番大切か

1、【「部下から学べる上司」の話し方】

リーダーとしての話し方と、リーダーシップ

ここまで本書では、主に会社の中間管理職を念頭に置きながら話を進めてきた。「部下」との人間関係に悩みを抱えている「上司」といえば、係長、課長、部長、局長といったポジションにいる人々が大半だからだ。

ただし一方で、中間管理職というのは「部下」でもある。したがって、上司としての話し方や振る舞い方ばかりを考えているわけにもいかない。これからさらに「上」を目指すには、自分の上司とのつき合い方も考える必要がある。

また、同じ「上司」でも、中間管理職と経営者とでは異なるところもあるだろう。いずれ

会社の経営者として、本当の意味で組織の「リーダー」の役割を果たす気があるなら、そこに昇り詰めるための話し方と、そこに昇り詰めたときに求められる話し方を身につけておきたいところだ。

かつて「社長」は多くのサラリーマンにとって高嶺《たかね》の花《はな》だったが、いまは自ら起業して、若くして企業のトップになるケースも増えてきた。だが、若いベンチャー起業家などを見ていても、人の上に立つ人間としての話し方を心得ているリーダーはそう多くない。たとえばジョークのセンスひとつ取っても、日本人のリーダーは、政治家から企業経営者にいたるまで、かなり貧弱だ。

よく**「日本人にはリーダーシップがない」といわれるが、それは「リーダーとしての話し方ができていない」ことと表裏一体の問題かもしれない**とさえ思う。人間の話し方には、その人の考え方や他人に対するスタンスなどが如実《にょじつ》に表われるからだ。

そこで最後の章では、単に中間管理職としてうまく立ち回るだけでなく、経営者としてより指導的な役割を果たす人たちのことを視野に入れながら、リーダーが心がけるべき話し方について考えていこうと思う。

部下は上司の「鏡」だ

まず、これは前に述べたことの繰り返しになるが、「部下に学ぶ姿勢」が大切だということを改めて強調しておきたい。経営者の地位まで昇り詰めることを目指している人間は、どうしても目線が「上」を向きがちだからだ。

もちろん、そこを目指している以上、自分より高いポジションにいる人々の言動を観察し、彼らのやり方を勉強するのは悪いことではない。いわゆる「帝王学」というものも、世の中にはたしかにあるだろう。

だが、そればかり見ていたのでは、足下をすくわれる。上司には権威が必要だが、上ばかり見て下をバカにする人間から周囲が感じるのは、「権威」ではなく「尊大さ」でしかない。むしろ、誰もが「偉い」と思っている人物が下の者に向かって頭《こうべ》を垂《た》れたとき、その権威はますます大きくなるものだ。**下の者が上の者に頭を下げるのは単に当たり前なだけだが、その逆はそれだけで「ありがたい」ものになる。**

それに、部下に学ぶ姿勢を持つのは、ただポーズとして意味があるというだけが理由ではない。上司が部下から学べること、学ぶべきことは、実際にいくらでもある。たとえば私も、小学生の作文指導をしていると、子供たちの書いたものから「なるほど、こういう物の見方もあるのか」「こんな表現もあったんだな」などと教えられることが多い。

会社の部下の場合、若いとはいってもそれなりに人生経験を積んでいるわけで、上司の知らない世界を知っている部分も必ずあるだろう。それを学ぼうとせず、「オレはおまえらより物事を知っている」と決めつけて相手にしないのは、実にもったいないことだ。

また、部下というのは、上司にとって「鏡」のようなものだ。子供が親に似るように、部下の思考パターンや行動パターンは何らかの形で上司のそれを反映していることが多い。真似をして同じように行動する者もいれば、反発して逆のことをしようとする者もいるだろうが、いずれにしても、部下に何か変化が生じたときは上司自身にも何か変化が生じているのだと考えたほうがいい。たとえば**仕事を怠ける部下が増えたり、全体の業績が落ちたりしたときは、上司が部下をそう仕向けている可能性が高い**。子供が「荒れる」ときは、たいがい親が原因になっているのと同じことだ。

したがって、そういう場合はただ部下を叱るだけではなく、自分自身の言動を省《かえり》みることも忘れてはいけない。それまで通用していた自分の考え方や価値観などが、状況に合わなくなっていることもあるだろう。それを気づかせ、修正すべき方向を示唆《しさ》してくれるのが、部下という存在のありがたいところなのだ。

2、【「理想の上司像」を思い描いて話す】

未知の領域の仕事を、「イメージ・トレーニング」する

上司は、優秀な「プレーヤー」としての自分へのこだわりを捨て、「マネジャー」としてのスキルを磨かなければいけない。それは、これまでにも指摘してきたとおりだ。

しかしそうはいっても、中間管理職は「部下」でもあるので、「プレーヤー」の側面も持っている。一般的には、組織内での地位が低いほど、その割合が大きいといえるだろう。課長、部長、局長と出世の階段をステップアップするごとに、「マネジャー」としての役割が大きくなっていくということだ。

それは、徐々に「未知の領域」が広がっていくということでもあるだろう。「プレーヤー」

としてのスキルはＯＪＴで身につけることができるが、課長は部長の仕事を体験することができないし、部長は局長の仕事を体験することができない。社長にどんなスキルが求められるかは、社長をやったことのある者にしかわからないというのが実際のところだ。

しかし、いくら「未知の領域」であっても、そのポジションでの仕事をイメージすることはできるだろう。

たとえば試合前のスポーツ選手も、よく「イメージ・トレーニング」をやるという。試合ではさまざまな事態が起こり得るが、それを事前に具体的な形でイメージしておくことで、どんな状況でも体がスムースに動くようにしておくわけだ。**中間管理職が昇進していくときも、より「上」の地位で仕事をしている自分を具体的にイメージしておくと、「プレーヤー」から「マネジャー」への移行が円滑にいくはずだ。**

自分が「星野《ほしの》監督」や「島耕作《しまこうさく》」だったらどうするか考える

イメージする「理想の上司」は、自分が「あんなふうになりたい」と尊敬している社内の先輩でもいいだろう。たとえば初めて部下を持つ立場になり、その部下を叱らなければならない状況になったとき、どう話していいかわからなければ、「あの人ならここでどう叱っただろうか」と想像する。尊敬している相手のことはふだんからよく観察しているだろうから、うまく叱っている姿がかなり具体的に思い浮かぶに違いない。

社内にそういう存在がいなければ、世論調査などで「理想の上司」としてよく名前の挙がる有名人のことをイメージしてもいいと思う。そのなかにもいろいろなタイプがいるから、自分の好きな人を選べばいい。

たとえばプロ野球界では星野仙一《せんいち》監督や古田敦也《ふるたあつや》監督の名前がよく出てくるが、この二人は同じ場面でも部下への対応が違うだろう。星野が選手を怒鳴って気合いを入れるようなときでも、古田の場合は理路整然《りろせいぜん》と説明して「何をすべきか」を納得させようとするような印象がある。それは、どちらでもかまわない。大事なのは、自分が「これが理想」と決めたら、そのイメージを貫くことだ。**「あるときは星野、あるときは古田」ということでは、単に「軸のブレやすいダメ上司」になってしまう。**

なかには、マンガのキャラクターである「島耕作」に理想の上司像を見ている人もいるだろう。彼の場合、なにしろ「課長」から始まって「専務」にまで出世を果たしたのだから、あらゆるポジションのサラリーマンが参考にできる要素を持っている。前述したとおり、単純な「受け売り」は部下からバカにされるだけだから、マンガの台詞をそのまま口にするような愚行は慎まなければいけないが、「こんなとき島耕作ならどう立ち回るだろうか」とイメージするのは、けっして無駄ではないと思う。

ただ、いくら自分の人格と会社での役割は関係ないとはいえ、あまりにも自分のキャラクターとかけ離れた「理想像」を追い求めてしまうと、周囲にチグハグな印象しか与えない。ルックスも良くないサエない中年が島耕作になりきったつもりで行動すれば、部下の失笑《しっしょう》を買うだけだ。あくまでも無理のない範囲で選ぶべきだろう。

また、「プレーヤー」から「マネジャー」に役割が切り替わっても、社内における本人のキャラクターには連続性があるのだから、立場が変わったとたんに豹変《ひょうへん》するのも考えものだ。それまで無口だった人が、部下を持ったとたんに明るく元気なキャラクターを演じ始め、つまらない冗談を飛ばすようになったりしたら、失笑を買うどころか気持ち悪がられて部下が近寄ってこなくなる怖れもある。

会社に全人格を捧げてはいけないので、「本当の自分」にこだわりすぎる必要はないが、さりとて「社内の自分」を見失ってもいけない。

3、【経営陣に気に入られる話し方】

経営者は、具体的な「結果」を知りたがっている

会社で出世の階段を昇ろうと思ったら、経営陣に「頭がいい部下」「仕事のできる奴」だと思わせなければいけない。前に「上司には部下から学ぶ姿勢が必要だ」という話をしたので、上からどう思われるかに心を砕くのは矛盾しているように思われるかもしれないが、中間管理職なのだから、「上」にも「下」にも目配りしなければいけないのは当たり前だ。

ダメな中間管理職は「上と下の板挟み」になって苦労するのが典型的なパターンだが、頭がいい中間管理職は、上とも下とも良好な関係を築くだけのコミュニケーション能力を持っている。

では、会社の経営陣に能力を認められやすい話し方とはどういうものか。部下とのコミュニケーションと同様、これも相手のキャラクターによって違いはあるだろうが、ある程度の共通点はある。

まず念頭に置いておくべきは、**「経営者は忙しい」**ということだ。向こうは、こちらの部署のことだけを見ているわけではない。多くのセクションから上がってくる膨大《ぼうだい》な量の決裁事項を処理しなければいけないから、下からの報告を聞くのにあまり時間を使っていられないのだ。したがって、**途中経過を含めてダラダラと話す人間は嫌われる。要点だけをシャープに伝えてくれる人間のほうが、評価が高くなる。**

また、常に「目の前の結果をシビアに求めている」というのも、多くの経営者に共通するものだろう。これは同時に、目先の結果にとらわれすぎて長期的なビジョンを見失いがちな経営者が多いということでもあるわけだが、それはまた別の問題だ。先のことを考える余裕がなく、いつもギリギリの状態で結果を求めている経営者が多い以上、こちらもそのニーズを満たしてやらなければ認めてもらえない。

したがって、経営者に業務の報告をするときは、わかりやすい形で「結果」を示すことを心がけるべきだ。具体的にいうと、それは「数字」だ。売り上げや利益がどれぐらい伸びたのか、コスト削減はどの程度まで達成できたのかなど、経営者は「いい数字」を聞きたがっているのだ。それが、先ほどいった「要点」でもある。

忙しくて結果にシビアな経営者には、**まず結論としての「数字」から話すのがいい。**それがあまり望ましい数字ではなくても、ぐずぐずと背景説明や言い訳ばかり口にして、なかなか結果をいおうとしない人間よりは、すっぱりと「こういう結果になりました」と報告する人間のほうが信頼されるだろう。

自分の貢献度を、端的にアピールする

とはいえ、結果にいたるまでのプロセスを伝えなくていいということではない。細かい成り行きはどうでもいいが、その結果を出す上で管理職である自分が果たした役割については、しっかりアピールしておく必要がある。「たまたまいい結果が出た」と思わせてしまったのでは、こちらの得点にならない。

したがって、まず数字で結果を示したあとは、それが単なる偶然ではなく、管理職である自分のマネジメントによる必然だったということを、簡潔かつ論理的に説明すべきだろう。何か一点でも「自分が工夫したこと」がその結果に結びついているのであれば、それを強調

して報告すればいい。ツベコベと説明するより、ひと言でわかりやすく伝えたほうが経営者の印象に残る。

そこで**参考にすべきは、スポーツ新聞の見出しのつけ方**だろう。たとえば「継投策ズバリ的中、耐えて忍んで逆転勝利」という大見出しが躍っていれば、試合を見ていない読者は「監督の采配で勝ったんだな」と思う。実際はもっといろいろな勝因が重なっているはずだが、結果にいたるプロセスをわかりやすく伝えるにはそれで十分なのだ。

その意味では、管理職も自分の実行したやり方に「○○策」「××作戦」のようなネーミングをほどこして経営者に伝えるといいかもしれない。

もちろん、逆に結果が悪かった場合は、それが自分の采配による必然だったと思われないように説明することが肝心だ。成功と同様、失敗にもさまざまな要因が複合的にからまりあっているのだから、そのなかから「いかんともしがたかった状況の変化」のような敗因を取り上げて、「だから不運にも失敗した」という屁理屈をこねるのだ。

ただし、このあたりの対応は経営者のキャラクターによって変えたほうがいいだろう。なかには、それこそ「頑張ります！」という部下を可愛がる体育会系の経営者もいるから、その場合は「すみませんでした！」と土下座でもしたほうが効果的かもしれない。

いずれにしろ、**部下との関係と同様、経営者との関係も一種の「ゲーム」のようなものだ。**そこで交わされるコミュニケーションは、相手に好かれるためにやるものではない。出世のためには「気に入られる」ことが大事だが、それは全人格を丸ごと認めてもらうこととは違う。口先では「人間性が大事だ」などといっている経営者も、実際は部下のことを「利益追求の道具」としか見ていない。

ならば部下のほうも、自分の人格は脇に置いて、ドライに「利害」を追求すべきだろう。中途半端に人格を認めてもらったつもりでいると、失敗して相手がてのひらを返すように冷たく突き放してきたときに、大きな心理的ダメージを受けることになる。

会社は利益を追求する集団なのだから、そこで「あんなひどい人だとは思わなかった」とショックを受けたとしても、それは経営者の責任ではない。そんなことにショックを受けるほうが、考え方が甘いというべきだろう。

4、【社長になる人は「バランス感覚」】

「全体最適」を実現するのが、社長の責任

同じ「上司」でも、中間管理職と社長のあいだには、決定的な違いがある。それは、中間管理職が「部分最適」を達成すればいいのに対して、社長は「全体最適」を実現しなければならないということだ。

課長や部長は自分の課や部の業績さえ上げれば責任を果たしたことになるが、社長はそういうわけにいかない。会社全体の業績を最大化させる責任を負っている。これは実に大きな違いだといえるだろう。いわゆる「経営陣」の一角である役員でも、必ずしも「全体最適」を目指しているとはかぎらない。自分が担当している事業部の成績さえ上げれば、一定の評

価を受けられるからだ。

実際、よその事業部の仕事を奪ってでも自分の成績を上げようとする役員は少なくないし、そのために役員同士が対立している会社も多い。しかし社長の場合、蹴落《けお》としていいのは競合他社だけであって、自分の会社のなかでどこかひとつの部署を潰《つぶ》しにかかるような行動は許されない。

したがって、社長になる人間には、全体を見渡す視野の広さとバランス感覚が求められる。**いつも社内に敵を作って相手を叩き潰そうとしているような人間は、たとえ仕事ができても、会社のトップにふさわしい人材とは見なされない。**

その意味では中間管理職も、当面は自分が任されたセクションの「部分最適」を考えればいいとはいえ、よその部署に迷惑をかけてまで自分の業績を追い求めるような行動は慎むべきだろう。

少なくとも、いずれ社長の座に就きたいという野心を抱いているなら、ひたすら自分の業績だけをアピールすればいいというものではない。「自分たちさえよければ、よそのことは知ったことではない」というセクショナリズムを排除し、会社全体の利益を見渡せるような資質がなければ、そのポジションは与えられない。

仮に社長の地位を手に入れることができたとしても、それまでセクショナリズムに凝《こ》り固まっていたようなタイプは、その後のマネジメントで苦労することになる。「全体最適」を図る立場になれば、それまで自分の「部分最適」を邪魔する「敵」として対立してきた相手も「味方」につけて使わなければならないからだ。

ときには「敵に塩を送る」ことも必要

それを考えれば、中間管理職の立場であっても、ある程度は「全体最適」に配慮しながら行動したほうがいい。社内で別の部署と利害が対立した場合、いつも頑《かたく》なに自分の利益を主張するのではなく、ときには全体の利益のために譲る姿勢も見せるべきだろう。

その結果、自分の「部分最適」が達成できず、中間管理職としては「一歩後退」になってしまう可能性もあるが、それが明らかに会社全体の利益になっていることがわかれば、けっして失点にはならない。投手がチームの勝利のために、強打者との勝負を避けて敬遠するようなものだ。

ただし、ライバルの部署に手柄を譲るようなことをする場合、自分の部下に対して事情をきちんと説明することを忘れてはいけない。部下は上司の「部分最適」を実現するために日頃から努力をしているのだから、その上司がよそのセクションに「負けた」と感じれば、やる気も失うだろうし、上司への信頼感も薄らいでしまう。

けっして負けたわけではなく、全体の利益のためにはそれがベストだと考えて、あえて「名誉ある撤退」を選択したということを、言葉を尽くして話すべきだ。その上で、「今回だけはちょっと我慢してくれ。その代わり、次は必ずチャンスをモノにする」と将来の巻き返しを約束することが重要だろう。

ところで、会社のセクショナリズムといえば、部署ごとの対立だけではない。それが「ヨコ」のセクショナリズムだとすれば、一方で「タテ」のセクショナリズムもある。いわゆる「派閥」がそれだ。出世競争の背後には、必ず派閥の力学が作用している。

経営者には全体を見るバランス感覚が求められるのだから、できることならどの派閥にも属さない立場を貫いたほうがいい。しかし現実には、「勝ち組」の派閥に名を連ねていたほうが昇進のチャンスを得やすいのもたしかだ。

ここは案配が難しいところだが、基本的には「ヨコ」のセクショナリズムと同じで、どこかの派閥に属しながらも、よその派閥にも配慮できる懐《ふところ》の深さがあるところを見せておくべきだろう。

出世のために派閥のボスだけに媚《こ》びへつらい、ライバルの派閥を貶《おとし》める陰謀ばかり企んでいるようでは、たとえ思惑どおりの地位を得ることに成功したとしても、その後の仕事が成功しないことは目に見えている。ときには「敵に塩を送る」ような度量の広さを示しておくことが、トップに立ったときの仕事をやりやすくするコツだ。

要は、常に「自分が社長だったらこの会社をどう動かすか」ということを意識しながら、目の前の仕事に取り組む姿勢が大事だということだ。「どうやって社長になるか」という方法ばかり考えている人間は、ロクな社長にはならない。

それに、自分の部署や派閥の「部分最適」だけを追いかけている人間は、「小さな舟」を動かすスキルしか身につかないものだ。そんな船頭が「大きな舟」の舵《かじ》を握ったら、舟は遅かれ早かれ座礁《ざしょう》する。**大きな舟を自在に操れるようになるのは、小さな舟を動かしながらも、「いつかは大きな舟を動かしたい」と本気で思っている船頭だけだ。**

5、【セクハラで出世を棒にふらない】

女を見たら「落とし穴がある」と思え

出世を目指す中間管理職には、いろいろな「落とし穴」がある。仕事で抜きん出た実績を上げ、その手腕を経営陣に認められていても、実力とは関係のないところで足下をすくわれて失脚するケースは少なくない。

たとえば相次ぐ企業の不祥事にしても、けっして仕事のできない人間の仕業ばかりではないだろう。むしろ、仕事ができて社内に影響力のある人間ほど「悪事」に手を染める機会も多いものだ。しかも、そういう人間は「もっと業績を上げよう」という野心も強いので、つい勇み足をしてしまうことが多いのではないだろうか。

もっとも、談合《だんごう》や偽装《ぎそう》のような派手な事件を起こして失脚するのは、ほんの一部の人間の話にすぎない。しかし一方で、およその会社の中間管理職にとっても身近なものだろうと思われる「落とし穴」もある。それは、「セクハラ」だ。これぱかりは、仕事ができるかどうかにかかわらず、すべての男に引っかかるリスクがある。

ところが、どうもこれに対する危機感はまだまだ低いようだ。社内でのセクハラとは少し違うが、新聞では公務員やテレビ局員など社会的なステイタスの高い人々の痴漢事件や猥褻《わいせつ》事件が連日のように報道されている。悪さが発覚して懲戒《ちょうかい》処分を受けるケースがこれだけ多いのだから、もっと気をつけて行動すればいいと思うのだが、この手の欲望には歯止めがかけにくいのだろう。いっこうに減る気配がない。

おそらく、会社でのセクハラも似たようなものだ。実際、大学教授などのセクハラ事件もしばしば報道されるが、これだけ問題になっているにもかかわらず、性懲《しょうこ》りもなく同じようなことをしてキャリアを棒にふる人間が出てくる。抑えきれない欲望に負けて、まともな判断力を失っているとしか思えない。

しかし発覚したときに失うものの大きさを考えたら、いっときの欲望に負けている場合ではないだろう。アメリカでは、セクハラ事件で会社が莫大《ばくだい》な損害賠償を請求されるケースも多くなっている。日本もこれからアメリカ並みの訴訟社会になるだろうから、けっして対岸の火事ではない。女を見たら「そこに落とし穴がある」と思うぐらいの慎重さを持つべきではないだろうか。

たとえば女性の部下を一対一で叱るときも、密室で相手に泣かれたりすれば、あらぬ疑いをかけられかねない。「李《り》下《か》に冠《かんむり》を正さず」という言葉を思い出して、部屋のドアを開けて「ただ叱ってるだけですよ。おかしな真似はしていませんよ」ということを明らかにしておくぐらいの配慮をするべきだろう。

また、これはよくいわれることだが、女性の容姿やファッションを話題にするのはなるべく避けたほうがいい。けなすのがいけないのはもちろん、たとえ褒めたとしてもセクハラだという女性はいる。「褒めて喜ばせればモチベーションも上がるだろう」という考え方もないわけではないが、**女性の容姿を褒めるのは難しいものだ。相手が褒めてほしいポイントを外すと、逆効果になる。**

そもそも日本の中間管理職の九五%は、女心のわからないダサいオヤジなのだから、下手に「ちょい不良《ワル》オヤジ」の真似をして、女性をうまく褒めてモテようなどと考えないほうが身のためだ。**上司なら上司らしく、あくまでも仕事の内容で褒めることを心がけるべきだ。**

6、【ユーモアのセンス、笑いを取れる上司】

空気を読めない人間は、人を笑わせられない

欧米と比べて、日本の経営者は人を笑わせるのが苦手だ。これに関しては、おそらく誰からも異論が出ないだろう。苦手というより、そもそも人を笑わせようとは微塵も考えていない人が多いのだ。たとえば**経団連のお偉方の記者会見や式典での挨拶などを聞いていても、およそジョークというものが聞かれない**。やたらと生真面目で堅苦しい言葉を並べ、役人の作文のような「遺漏《いろう》のない紋切《もんき》り型のスピーチ」に終始する人が大半だ。

しかし、大勢の人たちの前で話をする機会の多い経営者にとって、ユーモアのセンスは不可欠の条件だ。ユーモアのある魅力的な人物には多くの人がついてくるということもあるが、理由はそれだけではない。

人を笑わせる能力があるというのは、その場の「空気」を読む力があるということを意味している。どんなジョークを口にすればウケるかというのは、相手の反応を見なければわからないからだ。その意味で、ジョークはそれ自体が双方向のコミュニケーションになっているといってもいいだろう。一見、「話し手」が「聞き手」に対して一方通行の話をしているように見えるが、そこには「笑い」というリアクションがあり、話し手はそれを受け止めながら喋っているわけだ。

そうやって相手の反応を見ながら全体の「空気」を察知できる経営者は、それこそ部下という「鏡」を見ながら、社内の変化に臨機応変に対応できるに違いない。逆に、聞き手の反応にはおかまいなく、一方的に自分のいいたいことを押しつける話し方しかできない経営者は、「空気」の変化にも鈍感になる。

要するに、コミュニケーションの重要性がわかっておらず、したがって人の意見に耳を傾ける柔軟性も持ち合わせていないのが、「ユーモアのない経営者」なのだ。

人を笑わせるには「空気」を読む能力が大切だということに私が気づいたのは、関西お笑い界の重鎮《じゅうちん》である浜村《はまむら》淳《じゅん》さんと対談をしたときのことだ。さすがにプロだけあって、面白い話を次々と聞かせてくれたのだが、ゲラゲラと笑わせられているうちに、私はあることに気づいた。何か冗談を口にしたあと、浜村さんは必ずちょっとした「間《ま》」を取っているのだ。そこで「浜村さんはときどき話に間合いを取ってらっしゃるように見えますが、それは相手が笑っているかどうか様子をうかがっているんですか?」と聞いてみたところ、「いや、まさにそのとおり」とのことだった。

これは浜村さんだけのやり方ではない。それ以来、テレビで関西の芸人が喋っているところを注意して見ていると、腕のいい芸人ほどうまく「間」を取っている。ずっと喋りっぱなしのように見えるが、実は要所要所で「間」を取って、聞き手の反応をうかがっているのだ。

逆に、あまり面白くない芸人は「間」を取らずに次々とネタを繰り出すだけ。ひとりよがりの話ばかりで、聞いているほうはまったく笑えない。「笑えるネタ」を考え出すこと以上に、聞き手の反応を観察して空気を読む訓練ができているかどうかが、お笑い芸人の力量を大きく左右するのだろう。

逆にいうと、**空気を読む能力を身につけるためには、人を笑わせるための訓練をしてみるのが一番**だということになる。本気で笑わせようと思ったら、相手の反応を気にせずにはいられないはずだからだ。

だから、どこかでスピーチをする機会でもあれば、その五分か一〇分の持ち時間のあいだに一度か二度は聴衆を笑わせることを心がけてみるといい。そんなに簡単なことではないが、自分の話を少しでも面白くしようという意識を持つことには意味がある。**スピーチでも文章でも同じだが、面白くしようと思わない人の話はいつまでたっても面白くならない。**

もちろん、聞き手がくすりとも笑ってくれなくてつらい思いをすることもあるだろう。私も講演で喋ったとき、聴衆の年齢層が予想していたのと違ったため、あらかじめ用意していたジョークがまったく通用しなくて困ったことがある。若者相手の講演会だとばかり思っていたのに、集まったのは高齢者ばかりだった。その場の「空気」を読んでネタを変更できるほどの能力はないので、本当に冷や汗をかいた。

しかし、何であれ聞き手を笑わせようとしている姿勢を見せるのは悪いことではない。退屈なだけの話より、笑えない冗談のほうがマシだということもある。それに、思ったほどウケなかったときは、照れ隠しの秘策がないわけでもない。何事もなかったかのように、真面目な顔で「えーと、いまのは笑ってもらおうと思っていったのですが、ウケなかったので話を進めます」とでもいえば、聞き手も苦笑いぐらいはしてくれるものだ。ジョークとしては失敗だったとしても、それで聞き手とのコミュニケーションは成功している。

7、【スピーチは、短さを競う場】

一番短いスピーチが、最大の拍手を受ける

日本人のスピーチを退屈にしている原因は、もちろんユーモアのセンスが欠けていることだけではない。これも異論はないと思うが、やたらと話が長いのだ。

ユーモアがないので笑えない上に長いのだから、聞かされる側にとっては難行苦行《なんぎょうくぎょう》以外の何物でもない。その難行苦行を誰もが若い頃から（それは小学校の校長の訓話から始まっている）さんざん聞かされているにもかかわらず、自分が人前で話をする立場になると、また聞く者に難行苦行を強いるのだから不思議な話だ。あまりにも学習能力がなさすぎる。

自分が「聞き手」だったときのことをちょっと思い出せば、どういうスピーチがウケるか

はすぐにわかるだろう。ユーモアに富んだ面白いスピーチがもちろん一番ウケるが、その次に大きな拍手を受けやすいのは、「短いスピーチ」だ。たとえば何人もの賓客《ひんきゃく》が次々と壇上でスピーチをするセレモニーで、こんなシーンを見たことのある人は多いだろう。

「本日は本当におめでとうございます！　以上！」

といった簡潔なひと言だけをいい放って壇上を去った人に、その日一番の盛大な拍手が送られる――というシーンだ。みんな、それまで退屈きわまりないスピーチに飽き飽きしているから、その人の「サービス精神」に感謝の気持ちも含めて喝采《かっさい》を送るのだ。そういう場では、**挨拶が「短い」というだけで、何のジョークも交えなくても好印象を与えることができる**わけだ。

経験上それは明らかなのだから、「オレは人よりも短い挨拶をしてやろう」ということに美意識を持つ人がもっと多くなってもいいだろう。ほかの人が一〇分喋っているなら自分は五分、みんなが三分なら自分は一分で勝負しようと考えるべきなのだ。私など、知人の結婚式でスピーチを頼まれたときに、司会者が延々と紹介してくれた私のプロフィールより、私自身の挨拶のほうが短かったことがある。

短いほうが喜ばれるとわかっているのに、長々と喋る人が後を絶たないのは、短い挨拶で聞き手にインパクトを与える自信がないせいもあるだろう。下手な鉄砲も数打ちゃ当たるとばかりに、いろいろなネタを並べればひとつぐらい印象に残るだろうと思っているのではないだろうか。しかし実際は、そのすべてが不発に終わる。たとえ「いい話」が含まれていたとしても、話は長ければ長いほど印象に残らない。「おめでとう！」のひと言のほうが、よほどインパクトが強いのだ。

最悪なのは、自分で書いた原稿のメモを暗記するでもなく、その場でボソボソと棒読みする人だろう。そのメモをコピーして配ってくれればいいから、早く退場してくれといいたくなる。だいたい、三分程度で終わる短い話なら、メモを見る必要はないはずだ。**覚えきれないほど長いスピーチは、それだけで反則だ。**

そもそも、そんなに人前で話すのが苦手なら、スピーチを依頼されても断ればいい。それでも引き受けるのは、その役割を与えられることが名誉だと感じているからだろう。依頼するほうも、最初から内容には期待していないのに、相手の面子を立てるためだけに挨拶をさせる。

こういった悪弊《あくへい》は改めるべきだが、なかなかそうならない現実がある以上、せめてみんなが「スピーチは短く」ということを鉄則として心に刻んでほしいものだ。

8、【部下に愛される経営者の話し方】

「そこのキミ」ではなく、「名前」で呼びかける

経営者であれ中間管理職であれ、人を動かす立場にある人間は、その相手のことを深く知るための努力をしなければいけない。理由は二つある。第一に、これは当然のことだが、部下の特徴を知らなければ、正しい使い方もわからない。指示の出し方や叱り方も相手のキャラクターによって変える必要があるし、「適材適所《てきざいてきしょ》」を実現するためにはそれぞれの能力や適性をよく理解しておかなければいけないのだ。

第二に、上司や経営者が自分のことをよく知っているとわかると、部下自身のモチベーションが上がる。たとえば社長が現場に顔を出したときに、近くにいる平社員に向かって「ち

ょっと、そこのキミ」と呼びかけるのと、「○○君」と名前で呼びかけるのとでは、圧倒的に後者のほうが相手を喜ばせるだろう。**偉い人が自分の名前を覚えていてくれるというのは、それだけで嬉しいものだ。**「この人のために一生懸命やろう」という気持ちになる人は多いだろう。

前に、「あなたに注目しているよ」ということを部下に示すには「挨拶」が有効だという話をしたが、これは「無視していない」ということを伝える最低限のコミュニケーションだ。挨拶は相手の名前を知らなくてもできるから、それだけでは部下のことを深く知っていることにはならない。部下からの信頼をより深め、高い意欲を持って働いてもらうためには、相手の「個人情報」をできるだけ頭に入れておいたほうがいい。

それによって周囲から絶大な人気と信頼を勝ち取っていたのが、**元首相の故・田《た》中《なか》角《かく》栄《えい》氏だ。出会った人の名前をすべて覚えていて、次に会ったときは必ず名前で呼びかけていたという**のは、あまりにも有名な話だ。あれほどの人物に一度会っただけで名前を覚えてもらえたら、感激しない者はいない。

企業経営者のなかにも、たとえば一年ぶりに自社工場に足を運んだときに、「去年はこうだったけど今年はどうなった?」などと細かいことを覚えていて、現場の担当者を驚かせる人はいる。経営者は毎日いろいろな人と会い、膨大な量の仕事をこなしているから、こういう場合、一年ぶりに会った担当者は「どうせ去年のことは覚えていないだろう」と考えるものだ。しかし、自分から去年のことをあらためて説明すると、いかにも「社長は覚えていないと思いますが」といっているようで、それも失礼だという気がする。部下は部下で、いろいろ気を遣うわけだ。経営者のほうから去年の話を持ち出してくれれば、余計な気を回す必要がなくなってホッとするだろう。記憶力のよい上司は、部下を安心させるのだ。

もっとも、**こういう経営者はけっして驚異的な記憶力の持ち主なのではなく、日記やメモなどにその日の行動を克明に記録していることが多い**。会った相手の名前を覚えている人も、そのために名刺の管理などを工夫している。信頼を得るための努力をしているのだ。

部下を動かすためには、日頃からそういう習慣をつけたほうがいいだろう。部下のことをよく知っていれば、ふだんの挨拶もより具体的なものになる。会うたびに「最近どう?」「頑張ってる?」などと誰にでも同じ言葉をかける上司より、「あの仕事は期待してるんだけど進んでる?」「奥さんの病気の具合はどう?」「娘さんのピアノは上達した?」などと聞いてくれる上司のほうが、部下に「自分のことを理解してくれている」という安心感を与えるものなのだ。

9、【部下に「弱み」を見せる】

上司に「弱み＝愛嬌《あいきよう》」のない職場は、息苦しい

講演会に行くと、ひととおり話を終えたあとに、たいてい質疑応答《しつぎおうとう》の時間が用意されている。一方的に喋る講演の本題と違って、こちらは相手のあることだから事前の準備ができないわけだが、そんなに慌てさせられることはない。出席者からの質問の九九％は、考え込むことなく、即座に答えを返すことができる。当意即妙《とういそくみよう》に受け答えする私を見て、「頭の回転が速い人だ」と感心してくれる人もいるかもしれない。

しかし、けっして人前で話すのが得意ではない私にそんなことができるのは、もちろん理由がある。質問の九九％は、「かつて受けたことのある質問」なのだ。あちこちで同じよう

な内容の話をしているのだから、質問が似てくるのも当然だろう。こちらはとっくに答える準備ができている。べつに、当意即妙に対応できるような頭を持っているわけではない。

実際、関西で講演をしたときに、中学生から想定外の質問を受けたときは、焦って立ち往生してしまった。いきなり「先生は本の印税をいくらもらってるんですか？」などと聞かれたら、誰だってうろたえるだろう。動揺しながら「ご想像にお任せします」と答えたのだが、さすがは「儲《もう》かりまっか」が挨拶代わりの文化圏だけのことはあると妙に感心したものだ。

組織のリーダーも、部下から答えに詰まるような質問を受けることはあるだろう。しかし、そこで「すぐに答えないとバカにされる」と慌てる必要はない。べつに自分のことを弁護するわけではないが、「当意即妙」はそんなに簡単なことではないのだ。答えられなかったからといって、「頭が悪い」ということにはならない。

どんなに仕事ができる人でも、想定外の質問を受ければ、考える時間が必要なのは当然だ。むしろ、うろたえた状態で間違った答えを口にしてしまい、あとで訂正したりしたほうが、頭が悪く見えるだろう。**正直に、「それは考えたことがなかった。ちょっと検討してみるから時間をくれ」と答えたほうが、思慮《しりょ》深い人間だと思われる。**

それに、部下のほうにしてみれば、何を聞いても即座に答えが返ってくる上司はあまり面白くない。質問というのは、単に答えを知ることだけが目的ではないからだ。そこには、「課長はこの問題にちゃんと気づいていますか？」と指摘する意味合いが含まれていることが多い。上司が見逃しているかもしれないことに自分は気づいている、とアピールしたい心理が部下の側にはあるわけだ。

それをすべて「それはわかっている」という態度で即答されたのでは、質問をした甲斐《かい》がない。「気づかなかったな」といわれたほうが、自分の能力を認められたように感じて嬉しいものだ。

つまり、あまりに完璧すぎる上司は部下のやる気を引き出せないということだ。だから、難しい質問を受けたときだけにかぎらず、部下の前で「弱み」を見せることを怖れる必要はない。才気煥発《さいきかんぱつ》で、何をやらせてもパーフェクトにこなしてしまう万能型の上司からは、部下の気持ちが離れていく。

というより、そんな万能上司はこの世に存在しないと思ったほうがいい。ビジネス雑誌などに登場する有名な経営者のなかには、何でも高いレベルでこなしているように見える人もいるから、自分もそうなりたいと目標にする人もいるだろう。しかし現実には、そういう経営者もどこか抜けたところがあるものだ。

メディアの情報だけではそれが見えてこないが、実際にその下で働いている人たちには、その「弱み」がわかっている。だからこそ、その経営者には社員がついてくるし、雑誌で紹介されるほどの業績も上げられるのだろう。

ここでいっている「弱み」とは、言葉を換えれば「愛嬌」のことだ。何から何まで完璧な上司には愛嬌がなく、リーダーに愛嬌のない職場は息苦しい。したがって上司には、あえて自分の「弱み」をさらけ出してみせることが求められる。そんな上司の「穴」を自分たちが埋めようという意識を持つことも、部下のモチベーション向上につながる。

ただし、自分の「弱み」が何なのかということは自覚しておく必要がある。自分では「強み」だと思っているところに実は「弱み」があったのでは、どんな失敗をするかわからない。部下も不安で見ていられないだろう。それに、**自覚的に「オレはここがダメだから助けてくれ」という態度をみせたほうが、部下を動かしやすい**はずだ。

そういう意味では、自ら「弱み」を作るぐらいの発想があってもいいと思う。即答できる質問であっても、あえて「それは気づかなかった」といえるような余裕を持てれば、大したものだ。そうやって、自分の弱点をコントロールできるぐらい自分自身を客観視できるのが、本当に「頭がいい上司」ではないだろうか。

10、【経営者は、部下の太鼓持《たいこも》ちとなれ】

ゴマすりを真に受けていると、バカにしか見えない

人間というのはわかりやすいもので、調子のいい人のところには大勢の人が近寄ってくるが、落ち目の人からはどんどん人が離れていく。人気のある芸能人やスポーツ選手の周囲に群がり、人気が落ちると潮《しお》が引くように去っていくマスコミと同じだ。

会社の中間管理職も例外ではない。順調に出世している人のところには、いろいろな人たちが近づいてくる。その大半は失脚したとたんに離れていくから、気をつけなければいけない。信頼できるように見える人たちが、いつまでも自分の味方でいてくれるとはかぎらない。

とくに注意が必要なのは、やたらとゴマをすりながら近づいてくる輩《やから》だろう。偉くなれば

なるほど、茶坊主《ちゃぼうず》や太鼓持ちのような人間が周囲に顔を出すようになるものだ。ところが人間は褒められると気分がいいから、彼らのお追従《ついしょう》を「ゴマすり」だとは思いたくない。つい、それが相手の本音だと思って額面《がくめん》どおりに受け止め、そういう人間を重用してしまったりする。

だがゴマすり人間というのは、落ち目になると離れていくだけではなく、調子のいい人を持ち上げている裏で何をしているかわかったものではない。本当に自分を尊敬している人間なら、本人のいないところでも「あの人はすばらしい」などといってくれるはずだが、茶坊主は違う。陰では悪口を叩き、ライバル関係にある別の上司にゴマをすったりしているのが常だ。

周囲の人間もそれを知っているから、ゴマすりを真に受けてニヤニヤしている人間はバカにしか見えない。

上司は部下の「応援団長」を自任すべし

しかしその一方で、茶坊主や太鼓持ちのような人たちが、世の中に必要な存在だということもたしかだ。『リア王』のようなヨーロッパの芝居に出てくる道化《どうけ》もそうだが、弁の立つお調子者というのは、全体の人間関係を円滑にするような役割を担っている。江戸時代の茶坊主も、幕府と諸大名の情報交換の橋渡しをするなど、コンサルタントのような機能を果たしていたという。

それに、人を褒めるのが上手な人間というのは、その場の雰囲気を良くして、人間を前向きな気持ちにさせるという意味では貴重な存在だ。お互いにダメ出しばかりしているような集団は、たとえみんなが正しいことをいっていたとしても、「盛り上がり」に欠ける。ムードが悪い場所では、それぞれが持っている実力が十分に引き出されない。

とはいえ、上司が部下のゴマすりに浮かれていては、職場の雰囲気は盛り上がらないだろう。むしろ、**職場で茶坊主や道化の役割を演じるべきは上司のほうだ**。相手を図に乗らせてもまずいので行きすぎは禁物だが、上司が部下にゴマをすっていい気分にさせるぶんには、何も問題がない。褒められることで部下がやる気を出してくれれば、それでいいのだ。

もし「ゴマすり」という言葉に抵抗があるなら、「応援」といい換えてもいいだろう。応援団というのは、どんなに劣勢に立っていても「おまえは強い」「絶対に勝てるから大丈夫だ」と励ますのが仕事だ。ゴマすりやお追従と、いっていることの中身は本質的に同じだ。茶坊主と違うのは、相手が落ち目になっても見捨てないということだろうか。

ともあれ、上司はときに部下の「応援団長」として振る舞うべきだろう。応援しているのだと思えば、いつもは「使えない」と思っている部下でも、何かひとつぐらいは褒めるところが見つかるはずだ。

なかには、上っ面の褒め言葉を聞いても「本当にそう思ってるんですか？」などと疑いの目を向けてくる冷静な人間もいるだろうが、腕のいい太鼓持ちはそんな相手を褒める術も心得ている。**「いやはや、あなたはお追従の通じないすばらしい人だ」といえばいい**のだ。そこまでいわれれば、「無理に褒めている」ということがわかっていたとしても、気持ちは和む。

そこまでして場を盛り上げようとしているのだと思えば、それにつき合ってやろうという気にもなるものだ。苦笑されても、ムードが盛り上がれば太鼓持ちの目的は達成されたことになる。上司も、時には自ら道化を演じ、身を捨てて部下を盛り立てるぐらいの心意気があって然るべきだと思う。

11、【自分の意思を伝えるためには「ワンフレーズ話法」】

上司の指示は、何度も繰り返さないと現場まで浸透しない

組織というものは、たいがいピラミッド型の構造になっている。会社の場合、底辺にいるのが平社員で、頂点に立っているのが経営者だ。当然ながら、その組織のなかで「出世」していくということは、次第に底辺から遠ざかっていくことを意味している。つまり、偉くなればなるほど「現場」から離れるようになっているということだ。

それは誰でもわかっていると思うが、これが部下への「話し方」にも影響を与えることを自覚している人はあまり多くない。現場からの距離が遠くなるにしたがって、本当は話し方も変えなければいけないのだ。

というのも、会社の仕事というのは基本的に「現場」で動いているから、どのレベルからの指示であれ、それは最終的に「底辺」まで浸透しなければ意味がない。たとえば課長が部長の指示を理解しても、それが係長や平社員などに伝わっていなければ、その指示は社内に存在していることにならないわけだ。

ところが現場からの距離が遠ければ遠いほど、その指示は末端まで届きにくくなる。これについては、あの「経営の神様」松下幸之助氏もこんなことをいっている。ひとつ下のレベルに行くごとに、伝えた内容は二分の一に減っていくというのだ。

たとえば、社長が担当役員に指示をした時点で、その内容は半分しか伝わっていない。それが部長に届いたときにはさらに半分の四分の一、部長から課長に伝えられたときには八分の一になっている。要するに、「ほとんど伝わっていない」ということだ。まさに「伝言ゲーム」と同じような間抜けな事態が、会社では日常的に起こりがちなのだ。

だから松下幸之助氏は、大事なことは何度でも繰り返しいい続けなければいけない、と考えていた。最終的に八分の一になってしまうなら八回、一六分の一になってしまうなら一六回繰り返すぐらいのことをして初めて、会社全体に自分の意思が広まるということだ。

これは、そのとおりだろうと思う。だとすれば、中間管理職が「話し方」をどう変えればいいかはいうまでもないだろう。**出世の階段をひとつ上がるたびに、同じ指示を出す頻度《ひんど》を二倍に増やす**ということだ。それぐらいしつこく話すように心がけていないと、自分の指示を徹底させることはできないのだ。

ワンフレーズに集約できない指示は、現場を混乱させる

さらにいうなら、変えなければいけないのは指示を出す頻度だけではない。遠く離れた現場まで指示を確実に届けようと思ったら、回りくどい表現ではダメだ。わかりやすい端的な言葉でなければ、何度繰り返しても「伝言ゲームのリスク」を回避することはできないだろう。新たな目標であれ、それを達成するための考え方であれ、無駄を省いた短くてシャープな言葉で表現しなければ、必ずどこかで誤解が生じる。

ちなみに、それが天才的にうまかったのが、小泉《こいずみ》前首相だ。「聖域なき構造改革」「郵政民営化」といったキャッチフレーズをひたすら連呼する手法は「ワンフレーズ政治」などと揶揄《やゆ》されることが多かったが、その是非《ぜひ》はともかくとして、自分の主張を世間に広く伝えるという点では、あれほど成功した政治家もいない。世論調査の支持率が生命線だっただけに、ごちゃごちゃと難しい理屈をこねくり回しても大衆には届かないことを最初から見抜いてい

たのだろう。

その結果、最後まで支持率は高い水準をキープしていたのだから、この手法は経営者や中間管理職も大いに参考にすべきだ。**絶対に徹底しなければいけない指示は、人口《じんこう》に膾炙《かいしゃ》しやすい標語やキャッチフレーズの形にして、それを何度でも繰り返す。**

広告会社が仕組むキャンペーンでは、キーワードとなる言葉をしつこく聞かされて鬱陶しい思いをする人も多いだろう。しかし大事なのは、「鬱陶しい」と思うぐらいそれを聞かされた人は、そのキャンペーンの存在を確実に認識しているということだ。

部下に伝えたいことはたくさんあるので、それをワンフレーズに集約したのでは正しいニュアンスが届かないのではないかと不安になる人もいるだろう。しかし、長々としたスピーチを誰も聞いていないのと同じで、長い指示というのはどのみち下には伝わらない。それなら、もっとも重要なエッセンスだけを確実に伝えたほうが意味があるというものだ。

それに、ワンフレーズに集約できない指示というのは、そもそも上司自身も迷いがあったり、いいたいことを自分のなかでまとめ切れていないことが多い。そんな指示を受けても、部下は混乱するばかりだろう。ワンフレーズにできるような指示こそが、効率よく組織を動かす「頭がいい上司の指示」なのだ。

★読者のみなさまにお願い

この本をお読みになって、どんな感想をお持ちでしょうか。次ページの「100字書評」(原稿用紙)にご記入のうえ、ページを切りとり、左記編集部までお送りいただけたらありがたく存じます。今後の企画の参考にさせていただきます。また、電子メールでも結構です。

お寄せいただいた「100字書評」は、ご了解のうえ新聞・雑誌などを通じて紹介させていただくこともあります。採用の場合は、特製図書カードを差しあげます。

なお、ご記入のお名前、ご住所、ご連絡先等は、書評紹介の事前了解、謝礼のお届け以外の目的で利用することはありません。また、それらの情報を六カ月を超えて保管することもありません。

〒一〇一—八七〇一　東京都千代田区神田神保町三—六—五　九段尚学ビル
祥伝社　書籍出版部　祥伝社新書編集部
電話〇三(三二六五)二三一〇　E-Mail : shinsho@shodensha.co.jp

★本書の購入動機(新聞名か雑誌名、あるいは○をつけてください)

＿＿＿新聞の広告を見て	＿＿＿誌の広告を見て	＿＿＿新聞の書評を見て	＿＿＿誌の書評を見て	書店で見かけて	知人のすすめで

★100字書評……頭がいい上司の話し方

名前

住所

年齢

職業

樋口裕一　ひぐち・ゆういち

1951年、大分県生まれ。早稲田大学第一文学部卒業後、立教大学大学院博士課程修了。仏文学、アフリカ文学の翻訳のかたわら、小学生から社会人までを対象とした小論文指導に携わり、通信添削による作文・小論文の専門塾「白藍塾」を主宰。京都産業大学文化学部客員教授も務める。『頭がいい人、悪い人の話し方』（PHP新書）、『差がつく読書』（角川ONEテーマ21）、『ホンモノの文章力』（集英社新書）など著書多数。

頭《あたま》がいい上司《じょうし》の話《はな》し方《かた》

樋口裕一《ひぐちゆういち》

2007年9月5日　初版第1刷発行
2007年10月20日　第2刷発行

発行者……………深澤健一
発行所……………祥伝社しょうでんしゃ
〒101-8701　東京都千代田区神田神保町3-6-5
電話　03(3265)2081(販売部)
電話　03(3265)2310(編集部)
電話　03(3265)3622(業務部)
ホームページ　http://www.shodensha.co.jp/

装丁者……………盛川和洋　イラスト……………武田史子
印刷所……………堀内印刷
製本所……………ナショナル製本

造本には十分注意しておりますが、万一、落丁、乱丁などの不良品がありましたら、「業務部」あてにお送りください。送料小社負担にてお取り替えいたします。

Printed in Japan　ISBN978-4-396-11082-6　C0230

〈祥伝社新書〉好評既刊

001 抗癌剤 知らずに亡くなる年間30万人 平岩正樹

002 模倣される日本 映画、アニメから料理、ファッションまで 浜野保樹

003 「震度7」を生き抜く 被災地医師が得た教訓 田村康二

006 医療事故 知っておきたい実情と問題点 押田茂實

008 サバイバルとしての金融 株価とは何か・企業買収は悪いことか 岩崎日出俊

010 水族館の通《つう》になる 年間3千万人を魅了する楽園の謎 中村 元

024 仏像はここを見る 鑑賞なるほど基礎知識 瓜生《うりゅう》 中《なか》

028 名僧百言 智慧を浴びる 百瀬明治

029 温泉教授の湯治力 日本人が育《はぐく》んできた驚異の健康法 松田忠徳

034 ピロリ菌 日本人6千万人の体に棲《す》む胃癌の元凶 伊藤愼芳

035 神さまと神社 日本人なら知っておきたい八百万《やおよろず》の世界 井上宏生

037 志賀直哉はなぜ名文か あじわいたい美しい日本語 山口 翼《たすく》

039 前立腺 男なら覚悟したい病気 平岡保紀

042 高校生が感動した「論語」 佐久 協《やすし》

043 日本の名列車 竹島紀元《としもと》

044 組織行動の「まずい!!」学 どうして失敗が繰り返されるのか 樋口晴彦

046 日本サッカーと「世界基準」 セルジオ越後

049 戒名と日本人 あの世の名前は必要か 保坂俊司

052 人は「感情」から老化する 前頭葉の若さを保つ習慣術 和田秀樹

055 まず「書いてみる」生活 「読書」だけではもったいない 鷲田小彌太

056 歯から始まる怖い病気 波多野尚樹

059 日本神話の神々 井上宏生

061 今さら聞けないゴルフのセオリー 金谷多一郎

062 ダ・ヴィンチの謎 ニュートンの奇跡 「神の原理」はいかに解明されてきたか 三田誠広

063 1万円の世界地図 図解 日本の格差、世界の格差 佐藤 拓

064 脳は直感している 直感力を鍛える7つの方法 佐々木正悟

065 ビジネスマンが泣いた「唐詩《とうし》」一〇〇選 佐久 協《やすし》

066 世界金融経済の「支配者」 その七つの謎 東谷 暁《さとし》

068 江戸の躾《しつけ》と子育て 中江克己

069 患者漂流 もうあなたは病気になれない 中野次郎

070 「夕張問題」 鷲田小彌太

071 不整脈 突然死を防ぐために 早川弘一

072 がんは8割防げる 岡田正彦

073 休日は、骨董 細矢隆男

074 間《ま》の取れる人 間抜けな人 人づき合いが楽になる 森田雄三

076 早朝坐禅 凛《りん》とした生活のすすめ 山折哲雄

077 「お墓」の心配無用 手元《てもと》供養のすすめ 山崎譲二

078 ダサいオヤジは「暴力的存在」である 松尾智子

079 「まずい!!」学 組織はこうしてウソをつく 樋口晴彦

080 知られざる 日本の恐竜文化 金子隆一

081 手塚治虫「戦争漫画」傑作選

以下、続刊